THE BIBLE FOR FINDING TEN-FOLD STOCKS

十倍股
1000%
獲利聖經

學會四大挑股法則、掌握正確買賣時機，
在七大產業中找到自己的十倍股！

姜炳昱——著　張亞薇——譯

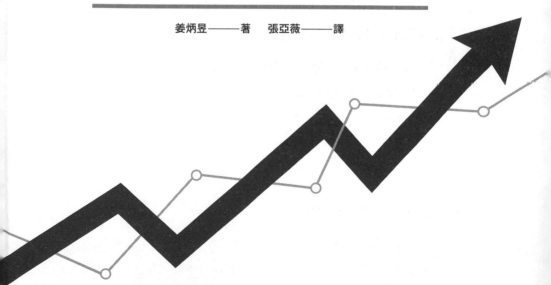

반드시 10배 수익주가 탄생할 7가지 투자 섹터
텐배거 1000% 수익 바이블

CONTENTS

前 言

你也有能力選對
獲利十倍的投資商品

　　韓國的股市投資人已超過 1,000 萬人，雖說是低利率時代下不得不採取投資股票的方式來獲利，但也可能是自然而然的結果。不僅是韓國，全世界進行股票投資的人們所寄望的，就是透過股市獲取高額利潤。實際上經由約 5 到 10 年的投資，獲得 2 倍甚至 3 倍的利潤並不困難。

　　然而所有投資人都有所謂的夢想，那就是買進短期內股價可漲至 10 倍以上的股票，被稱為「十倍股」。雖然這不是人人都可以達成的事，但也並非絕無可能。如果整理過去的案例資料獲取經驗，從而洞悉股票，就有可能實現。例如，長期穩定成長的企業、站在新技術潮流最尖端的企業、能夠長期維持壟斷地位的企業、景氣循環周期中處於景氣復甦最前端的企業，以及透過嚴苛的內部重組，成功轉虧為盈的企業等，都被認為是具備充分條件能成為

十倍股的企業。在未來的情況與過去相似的前提下，即使股票項目不同，只要了解不變的法則就可以因應。

　　與選擇股票一樣重要的，就是堅持。就算掌握了十倍股，如果賺大錢之前就賣掉，尤其在市場行情大爆發之初脫手的話，是多麼令人扼腕的事。因此，要獲得 10 倍的收益，必須同時滿足購買好股票和充分享受市場價格兩個條件。

　　本書藉由各種事例，說明何種條件下會誕生十倍股，並列舉出實際股票例子，同時也詳盡解析充分享受市場價格的方法。因此若熟讀本書，夢想中的十倍股便不再那麼遙遠，你會發現它似乎就在自己唾手可得之處。

　　本書強調兩個重點，第一，無論何種情況，股價與企業價值息息相關。如果企業價值無法作為後盾，這樣的股票絕對不可能成為十倍股。第二，由貪婪驅動的投資永遠無法獲得十倍股。股市有句俗話：「牛熊掙錢，豬不掙。」意思是說，牛市可以賺錢、熊市可以賺錢，但一味貪婪、貪欲無窮的投資者是不會賺錢的。

　　據說所有運動的基礎都是放鬆身體，股票投資也是如此。如果放下貪婪，用清晰之眼分析股票的話，十倍股的夢想就會成真。我願各位都能投資成功。

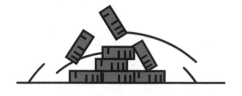

第 1 章

所謂的十倍股個股

十倍股個股並不遙遠

只要是喜歡棒球的人，應該都知道有一壘安打、二壘安打、三壘安打和全壘打。不過，棒球中沒有「十壘安打」的講法吧，但股市中卻有十壘安打的股票，稱為「十倍股」，是指股價上漲超過 10 倍的股票。這是 1977 年起在麥哲倫基金（Magellan Fund）擔任 13 年基金經理人，創下獲利率 2,703% 驚人成績的彼得・林區（Peter Lynch）首創的名詞，他也是《彼得林區選股戰略》（*One Up on Wall Street*）的作者。目前十倍股一詞比起 10 倍獲利，更廣義指稱能夠創造高獲利率的股票。

韓國也經常出現十倍股個股，只不過投資人們沒辦法賺取該股票所創下的利潤罷了。如果研究韓國股市中獲利 10 倍以上的股票，首先有證券業。證券業中自 1998 年 6 月至 1999 年 12 月亞洲金融風暴過去的短短 1 年 6 個月內，

多家股票漲幅超過 1,000%，其中以三星證券（1,228%）和現代證券（1,077%）漲幅較大。

　　這些股票當時大漲的原因是，在亞洲金融風暴期間許多銀行和證券公司因停業而破產的情況下，投資人對三星集團和現代集團不會破產的預期心理，吸引了市場資金流向這些證券公司。也就是說，投資人對這些公司的可信度高於國家信用的信念，是推動股價上漲的動力。當時三星證券的股價走勢如下圖所示。

　　除此之外，2004 至 2007 年間建築業和機械業出現了新的十倍股個股。當時，受國內房市景氣和海外廠房訂單

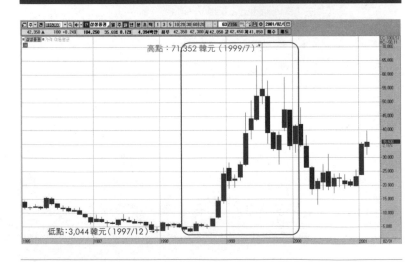

三星證券月線

增加的影響，建築業呈現上漲趨勢。現代建設（1,304%）
和斗山重工（3,065%）都登上了十倍股之列。當時斗山重
工業按月股價動向所呈現的股價漲幅如下。

　　在最近出現的十倍股個股中，代表股票是韓國的分
子診斷公司 Seegene，該公司的銷售額和利潤因 COVID-19
爆發而飆升。Seegene 是一家在多分子診斷領域擁有最佳
技術的公司，可以診斷是否感染了 COVID-19。由於國內
需求和出口量雙雙飆升，它絕對是迄今為止最好的股票。
從 2020 年 2 月到 8 月爆發 COVID-19 大流行之前，Seegene
創下了 1,007% 的上漲紀錄。

斗山重工業月線

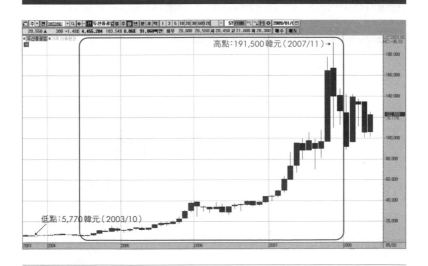

　　類似的十倍股漲勢並非韓國市場獨有，美國是一個比我們更大的市場，而特斯拉（Tesla）是最近韓國投資人在美國市場最喜歡的投資項目。隨著環境問題的突顯，以及自動駕駛汽車平台將基於電動汽車得以實現的期望越來越高，因此它的崛起又迅又猛。特斯拉在 2020 和 2021 年短短 2 年內實現了 1,779% 的驚人成長。

　　像這樣一支股價漲了超過 10 倍以上的股票，實際上就在我們身邊。而有一個創造十倍股的公式，首先，你需要確切知道十倍股會在何種情況下誕生，同時必須精確了解推動股價上漲的本質因素是什麼，這樣你才能做出反

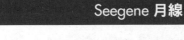

應。更大的挑戰是，即使你已買進即將成為十倍股的股票，仍要掌握能夠讓自己取得完全獲利的交易策略。

　　從現在開始，讓我們朝著每一個投資人的夢想、尋找十倍股的旅程出發吧。請帶著興奮與我同行。

📈 哪些商品能成為十倍股？

　　並非所有在股市上市的股票都是十倍股。有的股票上市後持續下跌而最終下市，也有無數的股票上市後，股價未出現明顯上漲，走勢混亂。

　　一家有資格成為十倍股的公司有哪些特點呢？為了找到十倍股，重要的是查看這些股票的特徵。

消費者壟斷企業

　　消費者壟斷的概念是被譽為奧瑪哈先知（the oracle of Omaha）的華倫・巴菲特（Warren Buffet）在選擇股票時使用的概念。巴菲特說，他最喜歡的公司類型是收費橋（toll bridge）公司。舉例來說，首爾市連接江南和江北的橋樑

有很多，但假設只有一座橋能夠通行，在橋中間設置收費站來收取通行費的公司就是收費橋公司。

收費橋公司的首要特點是進行壟斷業務，從經濟角度來看，公司最有利可圖的競爭形式就是壟斷。當一家公司成為壟斷企業時，它可以隨意提高或降低其產品的價格。但是，事實上沒有任何一家公司會真正降低價格。壟斷企業透過賺取高於正常比例的利潤來獲得龐大收益。

收費橋公司的另一個特點是，它不需要為未來的業務進行再投資。如果公司對未來的業務進行新投資並花費大量營銷資金，回報自然會下降。例如，假設三星電子每年的營業利潤約為 60 兆韓元（約合新台幣 1,370 億），那麼當投資者想到三星電子時，他們會想到每年有 60 兆韓元的營業利潤。而巴菲特認為，如果三星電子花費約 30 兆韓元（約合新台幣 685 億）用於投資未來新業務，那麼三星電子實際上就該被定義為營業利潤 30 兆韓元的公司。

換句話說，收費橋公司是在專門經營壟斷業務的同時，保持獲利能力而不對未來業務進行大量再投資的公司。畢竟橋上的收費站需要再投資什麼嗎？

巴菲特首先想到的收費橋公司類型是生產具有高品牌價值的產品，並且產品在短時間內被消耗的公司。公司做廣告的原因是為了讓消費者知道他們產品的存在並促進

消費。然而，品牌價值高的企業由於消費者的品牌忠誠度
高，所以即使不做廣告也能產生消費行為。而短期內被消
耗的產品，又會被消費者反覆回購，因此成為企業持續銷
售的條件。反之，如果產品經久耐用，多年或數十年沒有
被回購或購買次數不頻繁，公司只能賺取微薄利潤或最終
破產。

　　第二種類型的收費橋公司是為人們提供不可或缺的
基本服務的公司。巴菲特指出，這樣的公司消耗的資本很
少，也不需要高工資或受過高等教育的勞工，就能夠為消
費者提供基本服務。這類公司包括害蟲防治公司、清潔或
管家服務派遣公司、草坪護理公司和保全人員派遣公司。

可口可樂年線

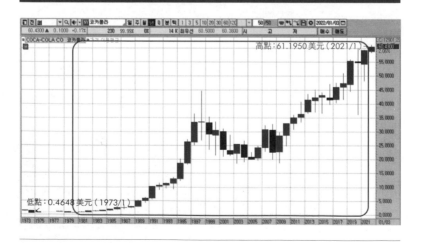

　　巴菲特將可口可樂列為具有代表性的消費者壟斷企業，他說可口可樂是一家他至死都不會出售的公司。從 1980 到 2021 年，可口可樂的投資回報率約為 9,767%。

　　就算不是收費橋類型的公司，處於壟斷或市場支配地位的公司仍可以有充分條件被視為十倍股的潛力企業。重要的一點是，公司的獲利能力是來自壟斷的情況，或者至少在寡頭壟斷的情況下。

　　韓國膠囊生產市場的領導者是瑞興（SuHeung）公司。人們服用的藥物中，黴素等藥物屬於硬膠囊，而 Omega-3 等軟質物屬於軟膠囊，瑞興則製作了這些膠囊。如果你觀

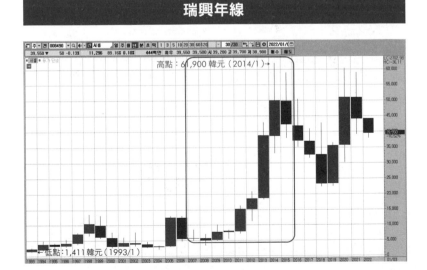

瑞興年線

察一下在市場上處於壟斷地位的公司的股價走勢，就可以
窺見壟斷地位公司的股價波動。

擁有核心技術的公司

　　十倍股公司的第二個特點是擁有核心技術。這裡提
到的核心技術，可以是用來製作成品的核心技術，也可以
是具有智慧財產權的程式。擁有核心技術的典型例子就是
英特爾（Intel）公司。現在，很多公司都在生產非記憶體
的半導體，但是當個人電腦如火如荼熱銷時，幾乎大多數
的電腦都內建了英特爾的微處理器。這就是為什麼在每台
個人電腦的外側都印有「Intel Inside」字樣的原因。至於
執行單純儲存功能的 DRAM 半導體方面，三星電子等已
成為不可撼動的強者，而英特爾的微處理器則是核心零組
件，長期以來在執行計算的中央處理器 CPU 中發揮著關
鍵作用。

　　這樣的公司正是具備足夠條件，能夠成為十倍股的
企業。擁有核心技術的英特爾，過去的股價從 1991 年、
即開始印有 Intel Inside 字樣的那一年起，直到 1999 年為止，
9 年來它的回報率約為 3,455%。

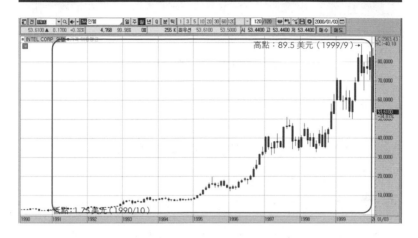

擁有長生命周期產品的公司

　　我們都知道在股票市場中，賺大錢的公司股價更高；
然而，利潤的品質也很重要。例如，如果一家公司每隔 1
年就反覆出現盈餘和虧損，那麼它的利潤品質就非常低。

　　股市中值得關注的公司類型是長期獲利成長型公司
（long-term profitable growth，LTPG）。舉例來說，如果一
家公司的利潤在很長一段時間內保持穩定成長，就可以歸
類為利潤品質非常好的公司。

　　企業出售商品並從中獲利，從這個角度來看，一家

產品總是可以賣得好的公司股價自然會高。因此,分析一家公司產品的生命周期,也是能夠掌握十倍股個股特點的重要線索。

有些產品的生命周期很短。例如,以我們現在的生活必需品、隨身攜帶的手機為例,每半年就會有一款新機型上市。假設一家手機製造公司每年都推出一款新機型,便不太可能總是暢銷。如果哪一年所推出的產品銷售低迷,該公司的獲利能力將受到嚴重影響。因此,銷售短生命周期產品的公司,股價很可能只會出現高度波動。

相對來說,銷售長生命周期產品的公司股價則呈現長期穩定上漲趨勢。舉例來說,有許多餐飲公司擁有長期暢銷的產品。

農心公司的蝦餅和辛拉麵等,Orion 的巧克力派、Binggrae(韓國食品飲料公司,生產冰淇淋,奶製品等)的香蕉牛奶等,幾十年來一直是最暢銷的產品。如果觀察這些公司的股價,你會發現它們大多都曾創下 10 倍以上的漲幅。

以銷售鮪魚罐頭的韓國東遠產業(Dongwon F&B)為例,它所生產的鮪魚罐頭是極受歡迎的小吃,也被當作簡便的下酒菜和節日伴手禮,東遠產業就是十倍股企業。從公司股價走勢來看,從 2008 年 11 月到 2015 年 8 月,它的

回報率高達 3,195%。

　　另一個產品生命周期較長的公司是農心，以拉麵和蝦
餅最具代表性。多年以來，農心不斷推出深受消費者喜愛
的產品，提供消費者心目中不可或缺的替代食品和零食。
你可以透過下頁的圖表了解農心的股價是如何堅不可摧穩
定上漲。

　　追根究抵，一家擁有長生命周期產品的公司，或者
不斷推出新產品的同時，獲利也能穩定成長的公司，可說
是都具備了十倍股的特點。

東遠月線

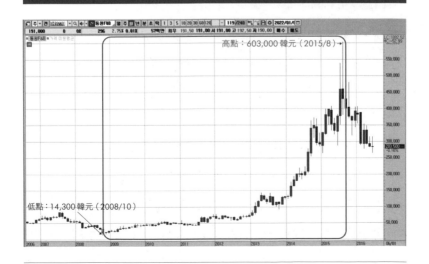

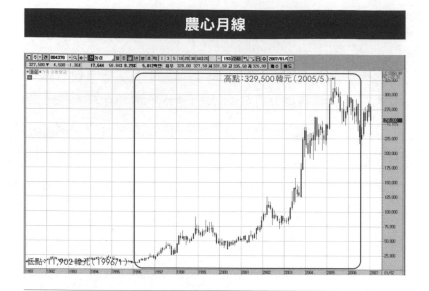

長期被忽視的公司

　　在某些情況下，長期被投資人忽視的公司會成為市場的焦點。這些公司可能存在幾項因素，例如，企業內部重組之後，短期內沒有銷售業績，或長期未能成長，可能的原因很多。但是，如果一家經過重組的公司業績快速成長，或者長期沒有成長的公司透過新的成長動力重生為藍籌股（即績優股），股價就會呈現爆發性上漲。這也是十倍股的特點。

　　舉例來說，自 2015 年以來，因全球景氣衰退而陷入

業務困境的航運公司，進行了大規模的重組。當時，韓國的航運公司幾乎面臨破產，在那段時間倖存下來的公司是前現代商船 HMM（現更名為韓新遠洋）。在 COVID-19 大流行後，韓新遠洋在國內出口激增的過程中獲利能力顯著提高，因此成為了一支在短期內呈現爆發性上漲的十倍股個股。

像這樣長期被忽視的企業大量出現的情況，也發生在 1992 年資本市場開放期間。1992 年之前，外國投資人不能在韓國股市購買任何一支股票。然而，韓國股票市場自 1992 年 1 月 3 日起開放之後，外國人購買的第一批股票是

韓新遠洋週線

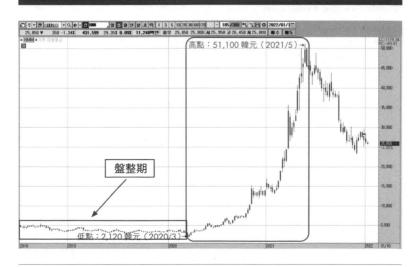

「低本益比（PER）股票」。

　　其中，大韓化纖公司（*主要生產聚酯產品，如聚酯紗等*）脫穎而出極受矚目。隨著外國投資人的供給進入那些負債率極低、被投資者忽視的公司，它們開始出現在世界各地，其股價也因此大幅上漲。當時，大韓化纖的股價走勢如下。

　　在觀察韓新遠洋和大韓化纖的股價走勢時，需要注意的是，在股價上漲之前有一段較長的盤整期。在此期間被市場完全忽視的股價業績飆升，或者在供需流入的消息下呈現爆發性上漲的過程，就是尋找十倍股的線索。

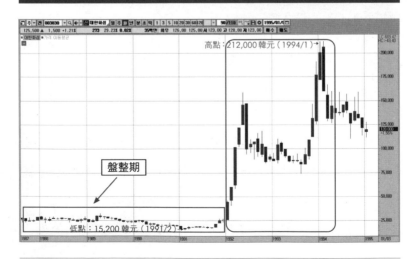

大韓化纖月線

📈 十倍股永遠存在

　　十倍股是每個時代都會出現在股市中的現象。十倍股出現在景氣的重要轉折點、新產業出現時，以及重大危機過去時。以下是 1980 年代以來出現在韓國股市的十倍股個股，與當時情況相關的摘要。

1980 年代的三低熱潮

　　1980 年代，韓國在低利率、低韓元匯率和低油價的三低基礎上實現了創紀錄的經濟成長。當時，韓國的經濟結構具有高度的經濟開放性，但經濟規模僅是小型開放國家（small open country），還不足以在國際市場上佔據領先地位，而出口帶動的經濟成長是透過政府的產業政策得以

實現。

　　當時，國際貿易由一般貿易公司主導。再加上隨著中東建設熱潮，建築公司業績飆升，資金基於貿易順差流入韓國，銀行、證券公司等金融公司憑藉良好業績，股票大幅上漲。因此，直到 1980 年代和 1990 年代初期，建築、貿易和金融股被稱為「三巨頭」主導著股市。

　　與此同時，許多引領三低熱潮的公司由於內部重組和併購等而從股市中消失，但是當時最受關注的大宇證券（現為大宇未來資產）在 1986 年 2 月至 1989 年 1 月間，股價上漲了 1,850%。

大宇未來資產月線

此外，甚至在股票市場規模遠不及今日的當時，也出現了許多十倍股個股。

通訊革命、KOSPI 200 指數誕生與藍籌股發展

1994 年是韓國股市發生重大轉折的一年，那就是編制了作為期貨期權交易標的資產的 KOSPI 200 指數。

這意味著從 1996 年開始的期貨交易，以及從 1997 年開始的期權交易必須持有 200 支股票以進行套利。

因此，列入 KOSPI 200 股指期權中的股票與未被列入的股票之間的股價存在明顯差異。當時，韓國股市的代表藍籌股是 SK 電訊（移動通訊營運商）。雖然市場的制度變化也帶來影響，但當時隨著無線電話的普及率迅速增加，代替了有線電話，SK 電訊的股價也呈現爆發性上漲。股價從 1994 年發布 KOSPI 200 指數以來，到了 2000 年 2 月達到顛峰，創下 2,316% 的驚人漲幅。

當時，其他市值大的大型藍籌股也出現了大幅上漲的現象。

網際網路泡沫時期

　　雖然亞洲金融風暴為韓國經濟帶來了諸多困難，但對經濟結構的升級也起了重要作用。當時，第三波浪潮席捲而來，掀起以網路為基礎的資通訊革命，以網路為核心的 dot-com 公司出現了股票市場的爆發式上漲。

　　在韓國網際網路泡沫期間引起最大關注的公司是賽隆科技（Saerom Technology，現為 Solborn）。賽隆科技透過免費的網絡電話撥號鍵盤籌集了巨額資金，並上升到與當時 KOSDAQ（韓國的創業板市場，隸屬於韓國交易所）

市場的標誌股票平起平坐。在 1999 至 2000 年網際網路泡
沫期間，賽隆科技創下 13,674% 的上漲率，股價上漲了約
130 倍，是非常驚人的收益率。

　　之後由於主力產品免費的關係，對公司實際獲利能
力的疑慮開始蔓延，造成股價暴跌，這可以看作是在被稱
為網絡革命的技術變革過程中所出現的現象。當時賽隆科
技的股價走勢如下圖所示。

儲蓄型基金熱潮時期

在亞洲金融風暴的陰影消退後，韓國興起了「變有錢熱潮」。當時銀行和證券公司等金融公司出售儲蓄型基金，引發了儲蓄型基金的熱潮。這股熱潮在 2001 年首次蔓延到韓國市場，一直持續到 2007 年全球金融危機之前。巨額資金在 2006 年流入韓國股市，間接投資商品的委託金額高達 2,350 億韓元（約合新台幣 52.6 億元）。

當時股市流行「車化煉」或「化煉車」一詞，車化煉是指汽車、石油化工、煉油股，化煉車也指的是石油化工、煉油和汽車。之所以這樣說，是因為當時主導股市的股票是汽車業、石油化工業和煉油業的股票。

還有另一個蓬勃發展成為引領股市的行業，那就是造船業。2004 年以來，韓國造船業經歷了超級周期，除了平常的商業船舶訂單外，由於中國經濟的成長，對原材料的需求激增，以致運輸原材料的船舶數量迅速增加。

當時股市數一數二的股票中排名第一的是現代重工（現為韓國造船海洋工程）。從 2004 年開始，到 2007 年爆發金融危機為止，現代重工的上漲率高達 1,485%。現代重工的股價走勢如圖所示。

韓國造船海洋工程（原現代重工）月線

高點：550,000 韓元（2007/11）→

低點：15,700 韓元（2002/9）

　　儲蓄型基金熱潮消退之後，受到美國金融危機和歐
洲財政危機的影響，全球金融市場進入長期衰退期。韓國
在歷經大約 10 年的沉悶停滯後，大量新的十倍股誕生了。
這正是在東學螞蟻運動（2021 年韓國股市因散戶大軍入
市，得以穩定）發生之後，原本因 COVID-19 疫情而暴跌
的股票市場恢復了市場價格。接下來，我們來看看十倍股
個股是在什麼樣的情況下得以產生。

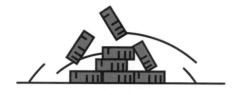

第 2 章

十倍股個股
在什麼情況下產生

隨著康德拉季耶夫周期產生的十倍股

　　十倍股與經濟波動密切相關,經常出現在重要技術革新的反曲點。因此,最好先了解經濟波動,因為能夠藉此找到十倍股。

經濟波動的類型

① 康德拉季耶夫周期

　　所謂的康德拉季耶夫周期(Kondratieff Wave)是指波動期間很長的經濟波動,由俄羅斯經濟學家康德拉季耶夫(Kondratieff)根據 1925 年的一篇論文,提出 50 到 60 年為一循環的長期波動。以「創造性破壞」而世界聞名的經

濟學家熊彼德（Joseph Schumpeter）認為，康特拉蒂耶夫周期乃經由工業革命帶動蒸汽機和鐵路的發展、鋼鐵生產的擴展期，以及電力、化學和汽車工業的發展期這一連貫的技術革新帶來了更多投資。他解釋說，戰爭和新能源的出現也是引發康德拉季耶夫周期的重要因素。

過去康德拉季耶夫周期的進展如下：

◆ 第一波（1770 年代後期～1830 年代）：工業革命時期（蒸汽機和紡紗機的發明）。

◆ 第二波（1840 年代後期～1890 年代）：鋼鐵和鐵路工業的發展。

◆ 第三波（1890 年代初期～1930 年代）：汽車、電力、化工等產業的發展。

◆ 第四波（1940 年代～1980 年代）：電子、石化和航空工業的發展。

◆ 第五波（1990 年代～至今）：資通訊、新材料、生物技術等的發展。

但是，這裡需要考慮一件事。過去技術發展的速度並不快，所以當一項技術創新出現後，需要等上相當長的時間才會出現另一項新技術，因此康德拉季耶夫周期相對來說非常簡單。

　　但是，近年來技術創新的速度非常快，因此不同領域可能會同時出現康德拉季耶夫周期。這意味著股票市場上可能會有更多的十倍股個股。

② 朱格拉周期

　　朱格拉周期（Juglar Wave）主要是因為企業的設備投資變化而產生的周期，約為 6 ～ 10 年。朱格拉周期也被稱為「設備投資周期」，由經濟學家克萊門特・朱格拉（Clement Juglar）提出。他分析了 1803 至 1882 年間的價格、利率和中央銀行餘額等數據，以釐清英國、法國和美國的周期性衰退原因，進而發現繁榮、衰退和破產三個階段反覆出現。

③ 基欽周期

　　基欽周期（Kitchin Wave）是由美國的約瑟夫・基欽（Joeseph Kitchin）發現的一種短周期，是平均為 40 個月的短期波動。基欽周期的原因是批發價格和利率的波動，換句話說，貨幣政策的變化引起了短期波動。

　　作為參考，韓國證券公司發布的報告大多是基於短期波動，也就是基欽周期所寫成。所以，如果想要了解長期波動的康德拉季耶夫周期，可以透過閱讀有關未來社會

的書籍或描述新技術的書籍來尋找股票。

知道長周期和複利效應，就可以分辨投資股

　　長周期需要很長一段時間才能產生影響，因此，在順著長周期進行投資時，一定要正確認識複利效應。支付利息時，單利支付是指只對本金支付利息，複利支付是指對本金加利息支付利息。一般來說，在投資的時候，應該朝著複利效應最大化的方向來進行。

　　我舉一個理解複利的好例子。1626 年，美洲原住民以 24 美元的價格將如今華爾街所在地的紐約曼哈頓賣給了美國人。過去 400 年來，美國的平均利率一直在 8% 左右。如果你在約 400 年的時間當中以 8% 的複利成長率計算，那麼這 24 美元在今天的價值約為 1 兆美元。這筆錢足夠買下今日曼哈頓的幾座摩天大樓仍綽綽有餘。

　　如果想更輕鬆地理解複利，可以使用「72 法則」。72 法則指的是，「72 ÷ 複利利率」所得到的值等於你資金翻倍所需的時間。例如，假設你賺取的複利利率為 10%，則 72 ÷ 10 = 7.2 年，這意味著當前的資金將在 7 年多後翻漲 1 倍。比如你投資 1 億韓元，利率 10%，7 年後

變成2億韓元，再經過7年後你將擁有4億韓元、8億韓元、16億韓元、32億韓元……。根據72法則，這種增加便是複利效應。以更高的利率進行更長時間的投資，可以使複利效應達到最大。

　　使用長周期、即康德拉季耶夫周期進行投資時，如果引起波動的因素是新技術，並買進收益時間最長的股票，將可能賺取不只10倍，甚至達到100倍的報酬。所以長周期和複利效應是密不可分的關係。

📈 根據經濟周期產生的十倍股

了解經濟周期

　　所謂的「經濟周期」是以經濟的長期成長趨勢為中心，景氣上下起伏不斷循環。當經濟活動熱絡使得景氣上升，最終達到波峰；後因經濟活動趨緩而景氣下降，最後在到達波谷時反彈，不斷重複這個過程，稱為經濟周期（Business Cycle）。此時，從景氣的波谷到下一個波谷，或從景氣的波峰到下一個波峰的這段時間稱為「周期」，從波谷到波峰，或波峰到波谷則稱為「振幅」。

　　經濟周期分為兩個階段。從波谷到波峰的時期稱為「擴張期」，從波峰到波谷的時期稱為「收縮期」。同時也細分成復甦期、繁榮期、衰退期和停滯期，如圖所示。

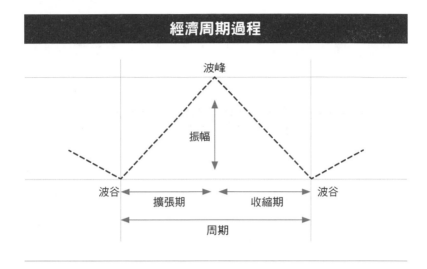

一般來說，股票投資人對韓國股市感興趣的是短周期。然而，在經濟周期的過程中，出現了幾種特性。

第一，經濟周期的循環過程具有不同的周期和振幅，並且在同一個周期內的擴張期和收縮期的長度不同。換句話說，經濟周期的每個階段都呈現出獨特的形態。

第二，經濟周期是對各種經濟活動的綜合評估，個別的經濟指標走勢與經濟周期可能存在差異。因此，憑藉特定的經濟指標來判斷經濟的走向，有可能會失準。

第三，個別經濟活動並非同時間往同一方向變動，可能隨著時間的不同而出現波動。由於存在著領先指標、同步指標和落後指標，因此需要考慮每個經濟指標的時間差再做判斷。

　　第四，當經濟從擴張轉向收縮，或從收縮轉向擴張時，它有累積擴張期或收縮期的傾向。經濟活動最終是由人創造出來的，當人們的心理對景氣好轉和惡化的過程造成影響時，在經濟復甦的初期，某些情況下，原本對經濟造成的影響力有限的部分，隨著時間的推移，影響程度越來越大，從而加速經濟動向。

　　那麼，股市投資人在經濟周期中應該注意哪些部分呢？

① 經濟低迷期

　　為了擺脫經濟收縮期，貨幣當局採取各種措施刺激經濟，例如擴大貨幣的供應量，結果使得利率下降。利率之所以下降，是因為經濟低迷時整體物價趨於穩定，貨幣供應量增加，而企業對資金的需求不大。此時股價轉為上漲趨勢，股價上漲的原因來自於貨幣當局的刺激經濟措施，因而預期經濟遲早會復甦，企業的獲利能力將有所改善。

② 經濟復甦期

　　這是經濟因刺激措施而緩慢復甦的時期。此時利率逐漸上升，原因是企業為了投資設備而對資金的需求增加。

雖然利率上升，但企業的獲利成長速度更快，由於公司保持獲利，因此股價持續上漲。

③ 經濟繁榮期

經濟過熱會增加通貨膨脹的可能性。有鑑於此，貨幣當局實施調控貨幣供應量和利率上調等貨幣緊縮政策。此時利率大幅上升，是因為物價不穩定導致對通貨膨脹的預期升溫，也因為企業增加投資設備和存貨，對資金的需求大幅增加。此時，儘管銷售額增加，但由於增加了利息支出，因此公司的獲利能力下降，股價下跌。

④ 經濟衰退期

這是經濟達到波峰之後，進入衰退的時期。這段期間通貨膨脹有所緩解，隨著企業減少工廠稼動和降低庫存，對資金的需求下降。由於企業獲利大幅縮水，銷售額減少和利息的下降將導致股價下跌。利率將下降但仍處於高位，在銷售額下降和利息支出的影響下，造成企業獲利大幅縮水，導致股價下跌。

經濟低迷期，逢低買進

股票反映景氣狀況，景氣狀況隨著經濟周期而變化。經濟周期是指在一個周期中經歷復甦期、繁榮期、衰退期和低迷期的過程，要使用經濟周期探索十倍股個股，需要尋找低迷期和復甦期。在經濟低迷時期，作為風險資產的股票價格下跌並維持在低谷。而此時股市需求不振，成交量長期大幅萎縮。對有錢人來說，這是可以採用逢低買入策略（Bargain Hunting）的時候，即購買相對於其公司價值跌幅過大的股票。

當經濟復甦期產生流動性時，股價就會飆升

當經濟在經歷一段低迷期之後轉向復甦時，貨幣當局會降低利率並採用寬鬆的貨幣政策，那麼，被套利商品困住的錢流向了股市，在這個過程中，股市開始湧入大量資金，這就是十倍股出現的時候。

當經濟開始復甦時，生產和消費增加，同時商品數量增加，而作為經濟復甦必要產品的材料工業則特別突出。因此搬運貨物的運輸行業，包括海運、陸運、空運，屬於這些行業的個股很有可能受益。

　　除此之外，隨著 IT 產業對石化、鋼鐵、半導體等代
表性材料行業的需求增加，這些行業也極有可能出現十倍
股個股。必須聚焦的是，由於在經濟復甦時期，流動性集
中在股市，此前停滯不前的股價會出現爆發性上漲。

📈 出現大量流動性時產生的
十倍股

　　自 1980 年代以來，全球經濟的運行一直以新自由主義
為基準。簡單來說，新自由主義可以被視為「企業至上主
義」，它的目標是透過企業成長實現所謂的涓滴（trickle-
down）效應。換句話說，當一家公司賺了很多錢時會增加
就業機會，當勞工的收入增加時，他們會用這筆錢增加消
費，進而促使經濟運作良好。因此，新自由主義的經濟哲
學就是要消除一切阻礙商業活動的因素。為了實現新自由
主義的經濟哲學，有幾種方式來推動：①私有化、②放鬆
管制、③削減預算、④增加借貸。

　　實際上，鼓吹新自由主義的人們所期待的涓滴效應並
沒有發生。雖然企業賺取了巨額利潤，但就業品質下降導
致低薪工作增加，加上企業依靠巨額資金而推行自動化，

使得工作機會減少。

　　由於勞工們的生活越來越困難，引發不滿情緒，於是世界各國政府紛紛降低利率，營造出可以輕鬆還清債務的表象，形成流動性陷阱。人們的不滿情緒藉由「財富效應」得到緩解，例如房地產或股票價格的上漲。正因如此，自 1980 年代開始，全球經濟出現了債務飆升，以及房地產和股票價格飆漲的情況。

　　自從韓國 1997 年的外匯危機後，新自由主義進入韓國，那時開始債務的增加，主要集中於家庭債務部分，同時定期出現大量流動性。當流動性密集時，股價便會飆漲。

「買韓熱」熱潮和 KOSDAQ 泡沫

　　買韓熱（Buy Korea）熱潮始於 1999 年 3 月，當時韓國的現代投資證券公司和現代投資信託公司推出了「Buy Korea Fund」，促使海外證券投資者瘋狂購買韓國國內的基金。受到亞洲金融風暴影響，綜合股指數從 900 點跌至 277 低點後，隨著經濟稍獲喘息，股價開始反彈。

　　在股價上漲的時期，由於受到愛國主義情緒的激發，

「買韓國企業的股票」是引發買韓熱的因素。當時出售的
基金中，資通訊技術（IT）基金、追求高回報率的高收益
基金，以及隨著 IT 熱潮而開始成長的柯斯達克基金大受
歡迎。

　　這些基金吸引了原本就對存款利率不滿的個人投資
者的注意，在推出後的 4 個月內，銷售額就超過了 10 兆
韓元（約合台幣 233 億元）。1998 年底，韓國股市總市值
約為 140 兆韓元（約合台幣 3,262 億元），因此光是流入
基金的資金就占總市值的 7% 左右，意即股市出現龐大的
流動性。這時出現的現象就是「KOSDAQ 泡沫」，也稱作
「網際網路泡沫」。

　　當時全世界都出現了網際網路泡沫，但韓國在歷經
外匯危機之後，韓國政府宣布了以 KOSDAQ 市場和中小
企業為中心的風險投資企業育成政策後，股市迅速升溫。
KOSDAQ 市場的升溫雖是由買韓熱所推動，但未來資產集
團（亞洲的金融服務組織，總部設立於韓國首爾。提供資
產管理、財富管理、投資銀行、人壽保險等全面的金融服
務，由朴炫柱於 1997 年成立）向韓國散戶投資人提供了
首批互惠基金也發揮了作用。

　　如果觀察當時股市的漲幅，韓國綜合股價指數（KOSPI
指數）從 1998 年的最低點 277 點，上漲了約 2.8 倍來到 1,059

點，KOSDAQ 指數從最低點 60 點上漲了約 3.7 倍達到 281
點，這是短短不到 2 年內的龐大成長。

　　當時，KOSDAQ 市場是所謂「操作」的溫床。曾被
稱為 KOSDAQ 市場主要股票的 Gold Bank、Jang Media、Dr-
eamline、Hauri、Locus 等股票下市，改由 Saerom Technology
（現 Solbon）、Daum Communications（現 Kakao）、Hangul and
Computer、Dawoo Technology 引領股市。

定期定額投資熱與造船、鋼鐵、化工股泡沫

　　亞洲金融風暴過後，湧入韓國社會的新自由主義熱
潮對經濟和社會造成了巨大的傷痕。企業取消了退休年齡
保障制度，退休金也改為臨時結算，並取消了累進制度。
在此之前，上班族只要沒有大的問題，就能獲得一直工作
到退休年齡的保障，退休後可以領取累進制的退休金，至
少不用擔心晚年。然而轉眼間，人還沒到退休年齡就退休
了，連退休金也只能領臨時結算的金額，用晚景淒涼來形
容當時的處境再洽當不過了。

　　諷刺的是，從那時開始興起了「致富狂潮」。2002
年下半年，韓國某家信用卡公司的一則廣告說：「希望大

家發大財～一定會發財的喔～。」這句廣告詞可以說是那個時代的象徵。

　　之後定期定額投資法被引進韓國股市，作為一種致富的投資方式，引起了極大的關注，那是一個甚至連小學生們都在學習經濟學的年代。定期定額投資法是指「平均成本法」（dollar cost average），也就是以每個月購買等額基金的投資方式，累積財富。

　　直到 2005 年，定期定額投資熱潮才真正席捲而來。自 KOSDAQ 泡沫破滅以來，在個股投資失敗的創傷影響下，投資人意識到必須透過專家來管理基金，才能提高成功機率，加上對養老的長期投資需求，使得投資人紛紛湧入基金市場。

　　2003 年底，韓國統計基金賬戶數量為 360 萬戶，2004 年底達到 488 萬戶，2005 年底達到 1,000 萬戶。受託的股票型基金資金額從 2004 年底的 8 兆韓元（約合新台幣 188 億元），到了 2005 年底約增為 25 兆韓元（約合新台幣 5,861 億元）。股市出現大量流動性，並且因為受益於中國經濟成長，使得十倍股開始出現在造船、鋼鐵和化工業等領漲股票。

東學螞蟻運動、生物、電池和非接觸式企業泡沫

受到 2007 年美國金融危機的影響，韓國定期定額熱潮消退，股市也經歷了一段低潮期。2009 年因美國實施量化寬鬆政策，股市出現強勁反彈，但隨著歐洲爆發財政危機，很快又進入了漫長的調整期。

後來 COVID-19 席捲全球。當世界衛生組織在 2020 年3 月宣告 COVID-19 大流行時，股價暴跌，但受到「股價暴跌時就是投資機會」的學習效應，資金開始流動，於是出現了東學螞蟻運動。

韓國開始出現「吸魂」（主要表示在計算工資時，合併各種津貼來統計，後用來強調將極小而微不足道的事物聚為一體的行為）、「馬上通」（個人帳戶貸款，是上班族急需用錢時的快速借款管道）、「撿撿」（撿了又撿之意，在遊戲中是指撿起被丟棄的物品或金錢，在網路中是指上網收集圖片、文字等數據）、「糕暴」（由「做年糕」和「暴漲」組合而成，表示上升速度非常快、一夜爆紅，例如股票價格）等記者無法使用在新聞中的流行語。除了原有的定存和儲蓄的資金之外，加上房地產備用資金大量湧入股市，使得散戶的資金總流入量達到 65 兆韓元（約合新台幣 1 兆 5 千億元）。這場流動性盛宴並不僅限

於股市，資金氾濫甚至連加密貨幣市場都出現了「泡菜溢價」（是指在韓國交易的加密貨幣市場價格大幅超過海外交易所的市場價格）的現象。

　　相較於股市 2020 年 3 月 19 日的低點，到了 8 月 18 日東學螞蟻運動如火如荼之際，漲幅最高的行業是受疫情影響最大的醫藥生物業。除此之外，二代電池和非接觸性（Untact）行業的擴大，促使非接觸類相關股大幅上漲。同期漲幅最大的股票是生產 COVID-19 治療藥物的新豐製藥（1,163%）、氫電池相關的斗山燃料電池（813%）和 SK 化學（568%）。另外，韓華集團、LG 化學、鮮京化學、Kakao（韓國知名的網際網路公司）等也同為領漲股票。當然，與 COVID-19 檢測試劑相關的 Seegene（韓國的體外診斷產品製造商）和航運公司 HMM 也是排在漲幅前段班的個股。

　　在流動性強的市場中，成長股普遍呈現上漲趨勢。這些股票的特點是，在對未來事業的成功預期心理作用下，即使沒有立竿見影的業績，成長潛力仍十分突出，使得本益比（PER）升到 50 倍到 100 倍，甚至更多。

　　事實上，這在理論上很難解釋，但市場就是接納了這種現象，導致股價上漲。問題在於，當流動性的來源停止時，如果不能以業績來支撐，股價就會降回原來的位置。

必須留意的是，當出現大量流動性時，高本益比和高股價
淨值比（PBR）的高市值股票則會上漲。

📈 當由虧轉盈時產生的十倍股

由虧轉盈和美國通用汽車事例

　　由虧轉盈是指改善原本極度低迷的業績或重振一家企業。但實際上，成功起死回生的可能性很低，尋找實際的案例也不容易。根據經營策略領域專家們的研究，韓國和日本企業由虧轉盈的成功率僅為 5 ～ 7%。

　　在海外案例中，成功由虧轉盈的一家企業是美國通用汽車公司（General Motors）。通用汽車公司成立於 1908 年，是有著 100 多年歷史的美國傳統代表性公司。通用汽車在 1960 年代和 1970 年代擁有全球 30% 的市占率，在 1970 年代末，美國境內的勞工人數達到 61 萬名，成為美國創造最多就業機會的公司。然而到了 1980 年代，由於日本汽車製造商的崛起，加上通用汽車過度安逸的態度而逐漸衰

落，最終無法克服接連的財務困難，在 2009 年 6 月申請破產保護。

歸根究柢，通用汽車的衰落原因是銷量降低和高成本結構所帶來的流動性危機。通用汽車的管理階層只考慮美國市場，沒有嘗試改變其產品組合，而專注於中大型車市場，並且未能創新汽車的生產方式。該公司以不賺錢為由而不願進軍小型車市場，即使產能和品質已經落後競爭對手日本豐田，仍不注重於創新生產方式。再加上工會向管理階層施壓，索求過高的工資和福利，在金融危機之前，通用汽車的時薪是美國製造業平均薪資的 2 倍之多，員工的醫療福利費用比起豐田更是高出 8 倍。從過去遺留下來的勞資雙方不良舊習，最終導致企業破產。

通用汽車申請破產保護後，開始了脫胎換骨的重振過程，在 2011 年連續七個季度保持獲利狀態，重回全球銷量榜首，成功恢復正常營運。通用汽車的重振策略是退出歐洲市場、收購自動駕駛公司 Cruise（美國自動駕駛汽車公司，總部位於舊金山）、從內燃機為主的汽車業務轉型為環保電動化、與微軟公司簽署合作夥伴關係，以及創立電池公司 Ultium，最後成功恢復營運。當然另一個原因是，在此期間處於失業恐懼中的員工們同意改變以工會為中心的高成本結構來挽救公司。通用汽車經歷申請破產保

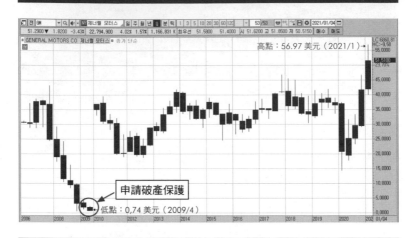

護並重新上市之後，股價走勢如圖所示。

　　通用汽車的案例是非常戲劇性的成功故事。我想再次強調，這樣的案例在國內外都很難找到。

尋找正在脫胎換骨的企業

　　脫胎換骨的意思是「變得煥然一新、更美麗，像一個完全不同的人」，這個詞很適合描述由虧轉盈的企業。日本富士軟片（Fujifilm）是轉型企業中的代表性公司。

　　日本富士軟片是過去與柯達瓜分全球相機底片市場

的公司。截至 2000 年，彩色底片等感光材料的銷售額占日本富士全公司銷售額的 60%、利潤的 70%。

然而，隨著數位相機的出現，底片市場每年萎縮 20 ～ 30%，變成虧損業務，短短 10 年內，底片部門的銷售額跌到 2000 年銷售額的 10% 以下。富士軟片的主要業務在短短 10 年內幾乎消失了。

富士軟片於 2004 年 2 月宣布進行「Vision 75」政策，並開始推動全面的業務重組。2006 年 1 月，公司在全球的攝影部門 15,000 名員工中有 5,000 人被裁員，達成業務重組的目標。但在銷售出現結構性下滑的情況下，單靠裁員已無法化解危機。

富士軟片不得不尋找新的業務來取代底片業務，以此作為轉機來度過危機。新業務必須是富士軟片可以駕馭的領域且規模夠大，才能長期發展。富士軟片分析了現有業務中的競爭優勢，找到了可以與公司專有技術產生綜效的新事業領域，並在此過程中大膽進行了併購（M&A），以補足短缺的技術和時間。

富士軟片在此過程中發掘了六項新事業領域，包括：①數位影像（數位相機、鏡頭、感光元件、影像處理技術等）、②光學設備（電視鏡頭、監控鏡頭、智慧型手機鏡頭）、③高性能材料（偏光片、保護膜等）、④數位印刷、

⑤文書處理設備（多功能辦公事務機、多功能事務機、影印機、相關材料解決方案等）、⑥醫療生命科學。其中，高性能材料和醫療生命科學現已成為富士軟片三大事業部門中最重要的醫療保健和材料解決方案的基礎。

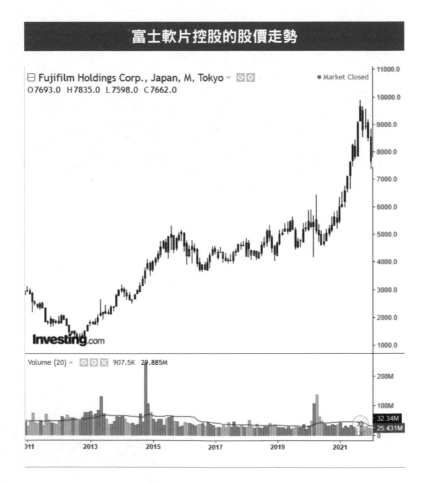

富士軟片控股的股價走勢

　　透過重組，富士軟片現已改編為三個業務部門：影像解決方案、文書解決方案，以及醫療保健暨材料解決方案。根據 2020 年的年報，公司的業務結構產生了變化，醫療保健暨材料解決方案部門的銷售額最高、文書解決方案的營業利潤最多。從目前在股市上市的富士軟片控股的股價走勢，可以看出業務結構重組是否成功。

第 3 章

康德拉季耶夫周期理論和十倍股

　　康德拉季耶夫周期是長期波，以新技術的出現為基準。在新技術全面應用在我們的生活裡並且造成影響的過程，觀察從中受益的企業股價，你就能猜出哪些股票未來會成為十倍股。十倍股的出現是基於肯定會改變我們生活模式的技術，因此我們必須持續關注新技術的出現和普及程度。

📈 半導體革命和十倍股

　　半導體的出現徹底改變了資通訊業。人們據此能夠進行大量的運算，並隨著個人電腦的普及化，被稱為「第三次工業革命」的資通訊革命已經滲透到家家戶戶，個人的工作能力也顯著提升。

　　直到 1980 年代，半導體市場一直由美國和日本主導。當時，韓國的半導體產業幾乎沒有存在感。然而 30 年後，韓國已躍升成為以三星電子和 SK 海力士為首的半導體記憶體龍頭。

　　全球半導體市場因個人電腦、移動通訊設備、伺服器等 IT 設備的發展，市場規模不斷擴大，加上近來第四次工業革命的推波助瀾，市場規模將隨著人工智慧（AI）、物聯網（IoT）和自動駕駛汽車的發展而有望繼續擴大。韓國的半導體產業是生產、出口、投資等帶動韓國經濟成長

的代表性產業。截至 2020 年，半導體產業占韓國總出口的 19.4%、設備投資的 45%，占 2019 年製造業生產的 9.6%。

此外，在全球市場上，韓國半導體自 2013 年以來一直保持全球半導體市占率的第二位。而在半導體記憶體領域，憑藉壓倒性的技術競爭力，2001 年超越日本，2002 年甚至超越美國成為世界第一並持續至今。

韓國半導體王者三星電子

韓國的股市中沒有任何股票能像三星電子一樣繳出如此巨額的投資回報率。三星電子的成長與半導體市場的成長同步，接下來將簡單回顧一下三星電子半導體領域的發展歷程。

半導體產業主要由半導體記憶體（包括 DRAM 記憶體和 NAND 快閃記憶體）和系統半導體（包括所有其他類型的半導體）組成，其比例約為 3 比 7。在市場方面，系統半導體的市場規模更大，但三星電子決定先聚焦在 DRAM 領域，他們認為該領域更適合當時的業績情況。目標是專注做好一件事，然後再將業務擴展到 NAND 和系統半導體等領域。

　　因此在個人電腦成長期的1990到2000年，三星電子被認為是依賴個人電腦業務而得以在DRAM領域獲利豐厚。到了2000年之後，NAND則成為移動通訊時代的搖錢樹。三星電子基於其在半導體記憶體的成功經驗，持續投資系統半導體，並推出自家的移動通訊應用處理器（Application Processor，AP）「Exynos」系列，獲得亮眼成果。近期隨著第四次工業革命的到來，企業的數據中心對半導體記憶體的需求遽增，也證明三星電子大規模投資半導體記憶體的策略仍然有效。

　　除了半導體的成長之外，三星電子即使在半導體不景

三星電子年線

氣的情況下，仍憑藉移動通訊設備的發展，使股價穩定上漲。目前世界上沒有任何國家看不到三星電子的半導體、移動通訊設備和家電產品。

　　三星電子在經歷亞洲金融風暴的同時，出現高速成長的趨勢。從 1998 到 2021 年，其上漲率為 14,700%，增加了140 倍。呈現出真正的王者態勢。

半導體設備股和材料股

　　美國的向西擴張與淘金熱有關。1848 年 1 月 24 日美國加州發現砂金，次年約有 10 萬人潮湧向美國西海岸。不過這時候賺錢的並不是挖礦工人們，而是出售挖地時需要的耐用工作服和工作工具的商人。李維・史特勞斯（Levi Strauss）以「如果破了，我們將無條件退款」的口號向礦工們推出牛仔褲，結果十分暢銷。這就是 Levi's 牛仔褲的由來，如今已成為牛仔褲的代名詞。除了少數發現金礦的礦工之外，出售工作服、鎬、鏟子和用於分選礦石的容器等採礦設備的商販生意興隆。了解商業模式的基本要素並發現行業之間的關聯性，可以帶來新的商機。

　　半導體市場的持續發展，對半導體設備和半導體材料

相關個股來說是一大利多。其中出現了很多十倍股,讓我們來看看幾支股票。

① Koh Young Technology

　　Koh Young Technology(檢測和測量自動化設備的開發製造商)在 3D 鉛塗層檢測設備 SPI 和 3D 元件安裝檢測設備 AOI 領域保持全球第一的壓倒性地位,公司的大部分銷售額都來自於此,其鉛塗層檢測設備的全球市占率接近50%。Koh Young Technology 除了創造主要銷售額的核心產品外,也透過各種檢測設備和醫療機器人以擴展業務。其

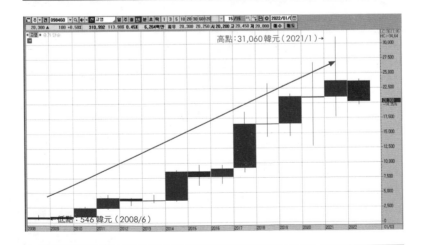

所推出的半導體檢測設備 Meister D+，是全球第一款在半導體後製程中，能同時測量半導體被動元件的外觀及表面的檢測設備。

除此之外，Koh Young Technology 正在發揮各個領域的技術實力。看一下半導體後製程核心企業 Koh Young Technology 股票上市後的股價走勢，就可以找出真正的十倍股。

② Wonik QnC

Wonik QnC 是韓國第一大半導體石英器皿製造商，石英器皿是一種用於半導體製程的產品，Wonik QnC 同時也生產用於半導體和 LCD 的陶瓷。

石英也被稱為「石英玻璃」，因為它處於不導電狀態，氣體含量低，幾乎沒有引起導電的鹼成分。高純度石英玻璃纖維是一種重要的光纖，具備光吸收低和優異的導光性能，主要用於半導體的乾蝕刻（Dry Etch）和擴散（Diffusion）製程。

Wonik QnC 是半導體石英領域全球第一的公司，在台灣、德國、美國設有子公司，負責生產和銷售石英玻璃。它向三星電子和 SK 海力士等半導體公司供應石英玻璃，或透過當地子公司將其銷售到海外，並且為三星電子和樂金顯示公司（LG Display）提供陶瓷和洗淨元件。

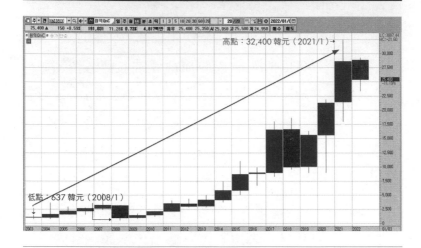

　　上圖為半導體材料和零組件的核心企業 Wonik QnC 上市後的股價走勢。

全球具代表性的半導體公司

　　韓國在半導體記憶體領域儼然是全球第一大國,但提到半導體產業,不能不談到美國企業。

① 美光科技

　　美光科技(Micron Technology)是一家美國半導體記憶

體製造公司，主要生產 DRAM 和快閃記憶體，以企業對企業（B2B）和企業對消費者（B2C）的交易方式進行銷售。它透過「Crucial」品牌銷售裝載快閃記憶體的記憶卡，以及儲存硬碟（SSD）給一般消費者。美光科技在 2021 年第一季度的 NAND 快閃記憶體市占率排名全球第五，同一季度的 DRAM 市占率為全球第三。並且在 2007 年熬過半導體記憶體的膽小鬼賽局（Chicken Game，即價格競爭）之後，於 2012 年 7 月 31 日以 2,000 億日元（約合新台幣 469 億元）的價格收購了日本唯一的 DRAM 半導體公司爾必達（Elpida Memory）。

這家公司擁有計算與網絡、儲存、移動通訊、內建式業務共四個部門，提供用於電腦、伺服器、網絡設備、通訊設備、家用電器、汽車和工業用途的 DDR4 和 DDR3 記憶體產品，以及用於手機、平板電腦、內建式電腦和其他行動消費應用程式的低耗電 DRAM 產品，與用於筆記型電腦、桌上型電腦、工作站和其他消費應用程式的客戶端 SSD 固態硬碟，以及用於儲存應用的企業級 SSD 和 3D XPoint（非揮發性）記憶體產品。

美光科技是一家具代表性的半導體公司，自美國金融危機以來經歷了半導體市場的嚴重衰退，並且恢復了股價。美光科技的股價走勢如圖所示。

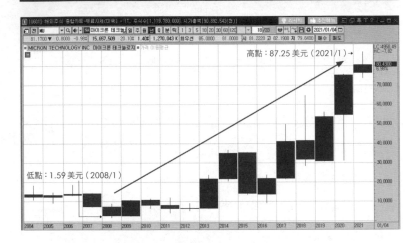

② Nvidia

　　Nvidia 是美國一家計算機 GPU（圖形處理器）設計公司，在獨立 GPU 零售市場和自動駕駛汽車領域保有市占率第一位。在半導體領域的銷售額位居世界第十位。該公司利用 GPU 及其演算結構設計半導體電路，以學習人工智慧電腦計算。公司創辦人黃仁勳酷愛遊戲，專門為遊戲玩家設計了 GPU。然而，當他利用 GPU 及其演算結構，以學習人工智慧電腦計算為目的而設計半導體電路時，從 2016 年開始，人工智慧擴展成為 Nvidia 的主要營業項目。

　　Nvidia 擁有四項業務領域：遊戲顯卡、數據中心（雲
端、AI 和數據處理）、專業視覺化（AR、VR、圖形視覺化）
和自動駕駛。尤其自動駕駛不可或缺的是 Nvidia 的 GPU，
所以期待值很高。2015 年以來，Nvidia 股價一路飆升。其
股價走勢如圖所示。

　　半導體被譽為「工業大米」，這個世界已經成為缺乏
半導體就什麼都做不了的世界。一家生產對行業至關重要
的產品的公司，就會成為十倍股。我們需要觀察製造半導
體成品的公司，以及製造必要設備和材料的企業，同時在
腦海中構想出十倍股的誕生公式。

📈 網路時代來臨和十倍股

　　網路一開始因軍事目的而成為研究對象，從此眾所周知。1960 年代，當時正與蘇聯打冷戰的美國，為了迎戰核子戰爭，首要任務是維護通訊網絡。換句話說，美國國防部面臨的最大問題，是如何實現不讓蘇聯洲際彈道導彈或轟炸機進入美國的目標。為此，確保連接雷達基地、高射砲基地、攔截導彈或攔截戰鬥機基地，以及其管理系統的高效通訊網絡成為當務之急。而且，即使部分通訊線路或者基地的一部分被毀，這個通訊網絡也必須能夠透過第二、第三、第四條線路準確的將訊息傳送到倖存的基地。為實現此一目標而開發的是高等研究計畫署網路（Advanced Research Projects Agency Network），又稱阿帕網（ARPANET），這是一個由美國國防部高級研究計畫署開發的電腦計算網絡。

　　在冷戰結束的 1990 年代，這個 ARPA 被美國國家科學基金會 NSF 的網絡 NSF NET 接管，轉型成為一個主要供工程師在大學和研究機構之間使用的網絡。在那之前，網路是一個有限的網絡，只有某些階層可以使用，即軍官、大學教授或研究所的研究人員。

　　接著在 1993 年 10 月，美國伊利諾大學的學生馬克·安德森（Marc Andreessen）開發了可以使用在個人電腦的 Mosaic（網頁瀏覽器）。接著開發了網景領航員（Netscape Navigator）和 IE 瀏覽器（Internet Explorer），開始進入開發期。1989 年，位於瑞士的歐洲核子研究所（CERN）的提摩西·柏內茲—李（Timothy Berners-Lee）開發了名為 World Wide Web（WWW）的訊息顯示系統，為網路使用的爆炸性成長創造了先決條件。WWW 向網路環境引進了一種稱為超文字（Hypertext）的概念，並連結訊息，以允許人們瀏覽全世界各地的資訊。

　　從此，資訊網就像網路上的蜘蛛網一般遍布全球，這些訊息是以稱為 HTML（超文字標記語言）的超文字形式呈現，因此，所有的資料都可以透過音訊、影片和動態圖像等多媒體形式顯示，並開發了可以輕鬆找到它們的瀏覽軟體，使人人都可以與世界各地的人交換訊息，超越時間和空間。這就是資通訊革命的誕生。

　　人們已經開始透過網際網路獲取和交換各種資訊。隨著網路革命，人類的訊息處理能力顯著提升，同時股票市場也出現了一種新型態的公司。尤其隨著網路時代的到來，市場上出現「贏者通吃」的現象，各個領域的第一名壟斷了利潤，營造出投資第一名公司的氛圍。

　　網路時代的另一個特點是出現了「收益遞增法則」。收益遞增法則是指所投入的生產要素越多，可獲得的產量比投入量越增加數倍的現象。

　　收益遞增的其中一個例子是微軟公司（Microsoft）。微軟開發了電腦操作系統 Windows。它的開發成本為 5,000 萬美元，等同韓幣不到 600 億韓元（約合新台幣 15.5 億元）。從那之後，每增加生產一套 Windows 只需花費 3 美元，也就是韓幣約 3,600 韓元（約合新台幣 93 元）。因此隨著銷售量的增加，微軟的利潤也大幅增加。這就是收益遞增法則。

　　收益遞增法則現在正應用於名為 FAANG（Facebook、Amazon、Apple、Netflix、Google），或稱 MAGA（微軟、Amazon、Google、Apple）的大型科技公司。基於他們的知識和技術，他們藉由收益遞增法則獲得了巨額的利潤，這在 20 世紀是前所未見的現象。

① NAVER

網路時代最大的受益者是 NAVER（韓國第一大入口／搜尋引擎網站）。當人們對某件事感到好奇時，流行的說法是「去問 NAVER」，可見其熱門程度。

NAVER 在 2013 年之前一直使用 NHN 這個名稱，在與營運遊戲的 NHN Entertainment（現為 NHN）進行人員改組之後，更名為現在的「NAVER Co., Ltd.」。NAVER 於 1997 年從三星 SDS 的內部企業「Web Glider」開始發跡，在風險投資熱潮時期，透過三星 SDS 內部的公開招募，被選為內部風險投資人的員工們在公司的支持下，於 1998 年 1 月推出了第一項服務。

如今網路文化已十分發達，NAVER 已經成為一家接近財閥等級的企業。然而，當時的知名度非常低，無法與以 Hanmail 和 Daum 官咖（official fan cafe，由官方開設讓粉絲交流的網站或平台）而聞名的 Daum（韓國最大的入口網站之一，曾開設韓國第一個電子郵件服務網站 Hanmail）相提並論，當時網路文化沒有現在這麼發達。NAVER 原本只是一家新成立的中小型公司，用戶數量也少，僅排在 Daum、Yahoo、Lycos（韓國的網際網路搜尋引擎公司和入口網站）、Empas（韓國最受歡迎的網路搜尋工具之一）之後的第五位。然而，自 2001 年以來，NAVER 收購遊戲

入口網站 HanGame 之後，產生極大的綜效，在 2002 年成為可與 Yahoo、Daum 競爭的入口網站，並在 KOSDAQ 上市。

NAVER 因 2002 年 10 月推出的「Knowledge-iN」服務而極受讚譽，這也是 NAVER 能夠發展至今的原因，並且以第五大入口網站擊敗了競爭對手。當時搜尋引擎的功能不佳，最重要的是韓語顯示的內容貧乏，所以在稱為「資訊海」的網路中沒有太多合適的資訊可以搜尋。NAVER 決定使用群體智慧有效解決內容缺乏的問題，這項服務後來被 Yahoo 和 Google 作為標竿學習（benchmarking）。

之後當用戶數量開始快速成長時，NAVER 於 2003 年

NAVER 年線

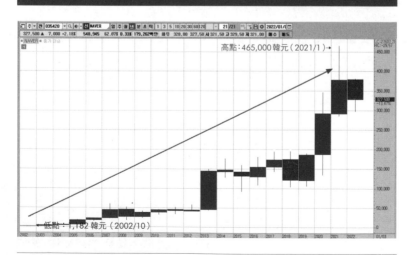

推出部落格和官咖服務作為推動力，隨後積極行銷，並躍升為韓國第一大搜尋引擎。從那時起，它已成為領先的入口網站公司和韓國人日常生活中不可或缺的平台。觀察 NAVER 的股價走勢，可以看出網路時代的龍頭企業包攬一切利益的贏者通吃局面。

② Google

Google 是一家經營網路搜尋、入口網站和相關網站的美國跨國 IT 公司，主要業務是廣告。它是全球排名第一的搜尋引擎，也是史上最大的網路公司。

Google 是史上最大和最常使用的搜尋引擎服務。除此之外，它還擁有 YouTube，因此它比其他科技業巨頭 Facebook 和 Twitter 相加起來規模更大。Google 重量級相似的競爭對手包括微軟、Apple 和 Amazon，它們統稱為 MAGA，意思是「讓美國再次偉大」（Make America Great Again）。

Google 的管理政策是確保任何人都可以輕鬆進入和使用由 Google 保護的巨量數據庫，並以此為基礎收集和系統化新數據。執行管理方針的 Google 搜尋引擎，以其卓越的搜尋能力，在搜尋引擎市場上獨樹一幟。

Google 進入的領域如此之多，以至於有人說「Google

的目標是統治世界」。首先，Google 經營的領域包括搜尋、廣告、YouTube、Android、地圖、雲端、Google Play、Chrome 等平台業務，以及 Chrome Cast 等硬體產品業務。除了 Google，其母公司 Alphabet 也透過生命科學領域的 Verily、自動駕駛領域的 Waymo、人工智慧領域的 Deep Mind、智慧家居領域的 NEST 等子公司，在各個領域開展新業務。截至 2020 年，Google 主要業務的銷售額占比為 92% 的 Google 服務（搜尋廣告占 57%、YouTube 占 11%、網路廣告占 13%）和雲端服務占 7%。

Alphabet 的主要業務來自於 Google，其廣告、YouTube 和雲端業務的收入正持續成長。Google 對我們而言是非常熟悉的入口網站，其商業模式是藉由優秀的搜尋引擎吸引用戶，並且透過廣告創造收入。

雲端服務基於 Google 過去幾年所累積來自於搜尋用戶的數據庫，提供簡單儲存文件的在線儲存（online storage）服務。不僅如此，更利用人工智慧、機器學習等多種技術的解決方案（安全、數據分析、虛擬化、物聯網等），提供給生物、遊戲等各行各業。

Google 已經非常貼近我們的日常生活。現在使用 Android 智慧手機的人們依賴 Google 的服務，且不論老少，YouTube 等服務被廣泛用做消費各種內容的途徑。Google

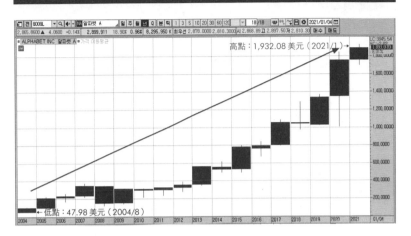

的入口網站和搜尋引擎，已經成為網路生活中不可或缺的一部分。除此之外，雲端遊戲服務 Stadia 也被評為具未來成長潛力的事業領域。看看 Google 的股價，就可以看出這家公司的發展速度有多快。

就這樣，網路時代的強者在享受收益遞增法和贏者通吃局面的同時，也不斷壯大。我們可以從這些公司中獲得十倍股的靈感。

📈 行動通訊革命和十倍股

　　從 iPhone 開始的行動通訊革命，模糊了在線和離線的界限。在網路時代作為典範的「WWW 時代」，在線和離線的區別還算明確，但創新的行動技術消除了在線和離線的區別，因為它創造出「可移動的」、稱為智慧型手機的設備。

　　不同於坐在家裡開啟電源上網的時代，「手裡拿著筆電」享受在線和離線的體驗，這本身就是一場革命。多虧了這一點，我們才能生活在離線狀態，同時以在線方式遊走於現實生活中。

　　如果你想看電影，用手機支付；如果你想出門，利用隨選叫車服務（On-demand Service）。獲取知識的門檻已大大降低，OTT over the top（透過開放網路提供廣播節目、電影等媒體內容的服務）營運商也開始提供即時內容播送

服務，達到在線和離線的融合。

　　自從智慧型手機問世以來，我們的生活領域因為移動通訊而迅速擴大和發展。隨著韓國的三星電子、中國騰訊和阿里巴巴的加入，發展速度變得更快，現在已經成了幾乎一切都可以用手機解決的世界。沒有什麼是不可能的，比如填寫資料、開會、大大小小的聚會、銀行、銷售、採購、付款、簽約等。現在，在線和離線融合的世界使得移動通訊世界越臻完美。

　　移動通訊革命正是引起新康德拉季耶夫周期的革命性技術。世界上所有的技術都匯聚到智慧型手機上，移動通訊已經成為我們生活中如同水和空氣般的存在，以至於自動駕駛汽車正被視為比智慧型手機更大型的移動通訊設備。許多公司都在爭奪移動通訊世界的霸主地位，其中數一數二的企業是 Apple 和 Amazon 公司。

① Apple

　　Apple 公司是全球頂尖的公司，是電子設備的硬體和軟體製造商，總部位於美國加州庫比蒂諾（Cupertino）。2007 年 Apple 推出了智慧型手機 iPhone，掀起了移動通訊革命。到了 2011 年 8 月 9 日，Apple 在美股盤中擊敗埃克森美孚（美國總市值最大的公開上市石油公司），成為市

值第一的公司。而截至 2022 年 2 月，Apple 公司市值約為 2 兆 8 千億美元。

　　Apple 的業務主要分為兩個部門：產品製造和服務。製造部門生產 iPhone、Mac、iPad 與其他設備（Airpod、Apple Watch）等；服務部門包括 App Store、iCloud、Apple Care+、Apple Pay 與內容服務（Apple Music、Apple tv+、Apple Arcade、Apple News+）等。

　　除此之外，正在挑戰電動汽車市場的 Apple 公司也逐步擴大其製造和服務領域。雖然 iPhone 已占 Apple 銷售額的一半以上，他們仍正努力打造未來食品。

　　首先，醫療保健在短期成長領域中備受關注。Apple 公司經營 Health Kit 平台，該平台透過 Apple Watch 檢查用戶的各種身體活動和健康狀況，如步行距離、運動強度、脈搏和心電圖等，並管理藉由這種方式所收集到的用戶健康和運動資訊。

　　而作為長期成長動力的還有 Apple Car，Apple 在 2015 年 9 月正式宣布 Apple Car 項目「Titan」，最初預計研發電動汽車和自動駕駛汽車，但現在專注於研發自動駕駛汽車。Apple 正在構想一種業務結構，自動駕駛軟體由 Apple 提供，而汽車製造則委託給外包商。

　　引發移動通訊革命，並引領該體系的 Apple 公司，其

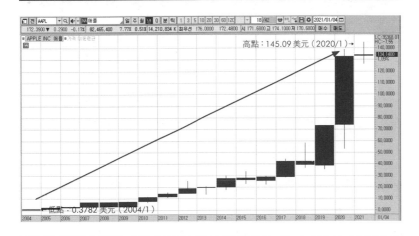

股價已與聲譽相符。看看圖中的股價動向。

② Amazon

　　Amazon 是一家聲名遠播的知名公司，是全球人們都在使用的電子商務公司，由傑夫・貝佐斯（Jeff Bezos）於 1994 年 7 月 5 日創立。

　　Amazon 以網路書店起家，此後逐漸擴大業務，銷售 DVD、音樂 CD、軟體、遊戲、電子產品、服裝和食品等多元化的商品。於是，今天的 Amazon 成為電商行業的巨擘，擁有數億項產品。Amazon 之所以能夠發展得如此迅速，是因為它壟斷了美國的內需市場。

　　目前 Amazon 在北美擁有 23 個物流中心（Fulfillment
Center），並正在紐約市各地建立更多的中心，那裡的土
地價格更昂貴。物流中心是比倉庫更高級的概念，如果說
倉庫的目的是快速提供產品，那麼物流中心的目的是針對
個人化的需求提供更精準的服務。

　　為了在現實中執行這種服務，Amazon 正在建構一個
利用機器人的組裝系統。透過這種裝配方式，可以毫無差
錯地處理客戶的複雜要求。如果系統由機器人運行，你可
能會懷疑人類的工作是否會被搶走。但幸運的是，Amazon
將工作區域劃分為機器人和人力，如此一來可以在各自的
工作領域裡共存。

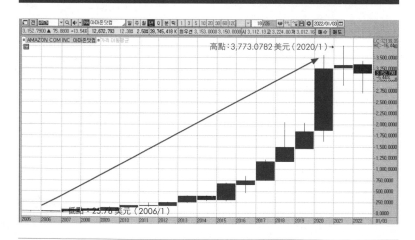

　　從網路時代到移動通訊革命，Amazon 憑藉著穩健的腳步適應通訊環境的變化，不斷拓展業務領域，同時不斷壯大，世界各地的人們都利用手機從 Amazon 下單和取貨。看看 Amazon 這個在美國市場市值排名第三、第四位的巨擘股價，你會發現它在業務步上正軌之後，股價還在持續上漲。

　　並不是所有股票都因為移動通訊革命而成為十倍股，即使在移動通訊時代開啟之後，也有無數的公司消失了。只有引領時代，在不斷拓展業務領域的同時，成功適應時代變化的企業，才能成為真正的十倍股。

📈 綠色革命和十倍股

　　氣候變化引起的全球暖化被公認為威脅人類生存的要素之一。為防止全球暖化而締結的《京都議定書》，對37 個溫室氣體排放量較大的主要已開發國家的溫室氣體排放總量制定了計畫，目標是比 1990 年平均減少 5.2%。2015 年 12 月在法國巴黎簽訂的聯合國氣候協議於 2016 年 11 月 4 日生效，目標是將全球升溫變化控制在攝氏 2 度以下。各國已開始致力於碳中和，100% 的電力完全由可再生能源發電，不產生碳。百分之百再生能源（RE100 Renewable Energy 100）已成為企業的目標。

　　趁著這股全球碳中和風潮，從原本排放碳的汽車中出現了標榜不排放碳的汽車，那就是電動汽車。電動汽車是一種依靠電池和引擎啟動而沒有內燃機的汽車，拋開用什麼來發電的問題，電動汽車作為環保汽車備受矚目，銷

量也在快速成長，而實現這一切的關鍵零組件就是電池，即所謂的二代電池。市場對電池產業的需求正呈現爆發性的成長趨勢，在此因素下產生了十倍股。

① 三星SDI

　　韓國二次電池成品企業包括 LG Energy Solutions、SK Innovation、三星 SDI。其中，三星 SDI 是在 ESS（儲能系統）和電動汽車電池領域具有實力的企業。由於碳排放權規定，內燃機汽車的產量正在減少，作為替代品的電動汽車市場正在成長。儲能系統方面，在產生太陽能、風力和潮汐發電等可再生能源時，儲能是必不可少的。另外考慮到 2021 年初美國德州因寒流出現電力危機，預估未來儲能系統的需求將出現爆發性成長。在電動汽車的崛起和強調儲能系統重要性的情況下，三星 SDI 躍上十倍股之列，其股價走勢如圖所示。

② 天保企業

　　二代電池對於包括電動汽車在內的第四次工業革命至關重要。一代電池使用一次就扔掉，二代電池充電後可以繼續使用。人們對電動汽車的要求是更長的續航里程，如果二代電池的性能和效率提高，不僅電動汽車會成功，

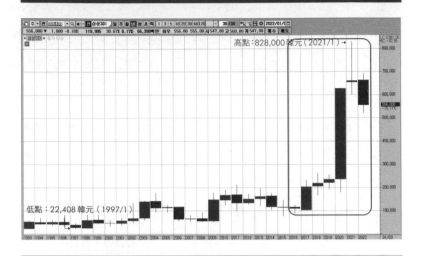

包括移動通訊設備在內的智慧型設備也能長期充電和使用。

　　不僅是韓國，中國也有很多使用二代電池來製造成品的公司。從二代電池材料的製造商立場來看，能供應的公司越多，環境越好。

　　二代電池由負極材料、正極材料、隔離膜和電解液組成。其中，韓國的天保企業是一家專業從事電解質的公司，它被評為是該領域的世界級公司。從這點來看，天保的股價走勢非常好。隨著二代電池市場的成長，天保的獲利也大為看好。因此，天保企業在二代電池個股中取得了

十倍股的地位。其 2019 年上市的股價走勢如圖所示。

　　二代電池和電動汽車密不可分。當現有的汽車製造商正式進軍市場時，電動汽車行業的版圖將如何變化還有待觀察。然而，正如自 1980 年代以來，半導體在我們的生活中無處不在一樣，性能良好的二代電池也將成為我們生活中難以分離的產品。如果持續關注，二代電池絕對是足以發展為十倍股的領域。

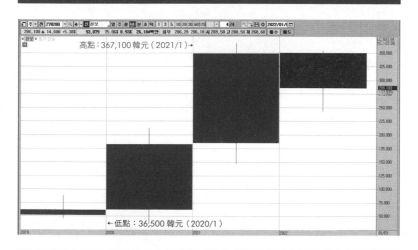

天保企業年線
高點：367,100 韓元（2021/1）→
←低點：36,500 韓元（2020/1）

第 4 章

根據經濟周期的
股市和十倍股個股

　　在股票市場中，基欽周期一般作為經濟周期的依據，基欽周期是由於貨幣政策變化而產生，周期約為3至5年。股市與經濟周期密切相關。在本章中，我們將介紹分析經濟周期與股市之間關係的模式，並學習如何發掘十倍股。

📈 經濟周期和股市的關係

　　談到股市有春、夏、秋、冬四個季節的人，是日本日興證券前分析師浦上邦雄。1990 年，他在《如何區分股市周期》一書中，對股市的走向做了十分清晰的整理。浦上邦雄出生於 1931 年，他在 1949 年從神戶商業學校畢業後，進入日興證券擔任首席研究員，之後成為日本的專業分析師，同時也是分析師協會的主席。

　　我們來看看他對市場行情的區分方式。考慮到經濟周期具有周期性，他認為股市是隨著經濟周期而變化。而我們在這個分析模式中關注的變數是利率、公司業績和股價，關鍵就在於理解這三者之間的關係。

　　總結來說，浦上邦雄的分析模式如圖所示。讓我們來看看各個階段和股市的結果。

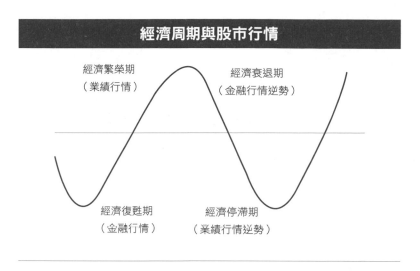

經濟周期與股市行情

經濟繁榮期
（業績行情）

經濟衰退期
（金融行情逆勢）

經濟復甦期
（金融行情）

經濟停滯期
（業績行情逆勢）

金融行情

　　在經濟復甦期，相關經濟指標（利率、企業業績、股價）如圖所示。換句話說，此時利率出現大幅下降（↓），但企業業績依然糟糕（↘），股價飆升（↑），這樣的市場被稱為「金融行情」。由於貨幣當局為振興經濟而降低利率，利率商品中的資金暫時流入股市。

　　首先，由於金融市場有大量資金流入股市，相較於中小型股，資本額更高的行業代表股，以及流動性高、可以讓你在股價沒有大幅上漲的情況下，自由買進的股票將出

現大幅上漲。隨著利率的快速下降，降息的受益者出現，而政府急於加碼投入社會間接資本以刺激經濟，因此與社會間接資本投資相關的個股將呈現上漲趨勢。韓國降息的受益者是負債率高的建築業，以及利率降低時存貸比增加的銀行股和證券股。所以，在金融行情中，投資行業代表股、金融股、建築股等與社會間接資本投資相關的個股，就能大賺一筆。

在這樣的金融行情中，指數大幅上漲，市場看起來格外亮眼，但一般投資人往往無法取得相對的獲利。這是因為一般投資人已經習慣金融市場初期的熊市，無法輕易投資的關係。

這裡有一點要注意，經濟復甦意味著以原材料為主的物流量會增加。

從中受益的行業是交通運輸業，交通運輸包括陸地運輸、航空運輸和海上運輸，其中負責大規模搬運的是海運。從順序來看，先搬運原材料，其次搬運成品。所以，這時需要好好關注波羅的海綜合指數（Baltic Dry Index，BDI）。如果該指數飆升，那就必須投資運輸類股或建造運載貨物船舶的造船股。

業績行情

在經濟復甦期，貨幣當局的低利率政策重振了企業的投資雄心，當經濟全面進入經濟繁榮期時，各項指標的變化如下。

首先，利率呈現出逐漸上升的趨勢（↗），這可以從兩個方面來解釋。第一，當經濟進入繁榮期，不可避免地會出現通貨膨脹。我們通常所說的利率就是名目利率，名目利率是實質利率與預期通貨膨脹率的總和。所以，如果物價緩慢上升，名目利率必然上升。

名目利率 = 實質利率 + 預期通貨膨脹率

第二，當經濟繁榮時，企業對資金的需求增加。這是因為必須擴建工廠，也要安裝更多的機器設備。當企業對資金的需求增加時，利率自然就會上升。除此之外，由於企業業績大幅改善（↑），股價呈現穩定的上漲趨勢（↗）。像這樣進入經濟繁榮期，企業的業績迅速提高，因為企業的業績改善而股價呈現上漲趨勢便稱為「業績行情」。

當出現業績行情時，便應優先買入業績表現較好的股

票。當經濟好轉時，首先需求增加的行業是材料業，先買進屬於材料業的股票，然後再買進非消費品產業的股票，也就是成品，才能充分享受股價上漲的樂趣。這裡的材料業是指鋼鐵、石化產品，以及半導體等近來經濟賴以生存的基礎產業。

消費品產業是指使用材料製成的成品。消費品產業包括家用電器和汽車等。事實上，一般人可以賺大錢的市場就是業績行情，因為這個時候業績好轉的個股將全面上漲。

金融行情逆勢

當經濟持續繁榮，企業業績迅速提升時，就會出現物價上漲或通貨膨脹，為貨幣當局的經濟管理帶來很大的負擔。在這種情況下，貨幣當局實施升息以防止通貨膨脹，其過程中出現的市場走勢就是「金融行情逆勢」。

那麼，經濟指標會出現怎樣的變化呢？首先，利率呈現大幅上升（↑），企業業績仍在好轉（↗），股價呈現大幅下跌（↓）。造成這種市場走勢的原因是，當貨幣當局升息時，作為風險資產的股票價格大幅上漲，市場資

金從股票市場轉移到利率商品上，在此過程中股價因此出現暴跌。

　　因此，在資金從股市抽身的金融行情逆勢中，與金融行情相反，投資者應避免投資行業代表股等容易賣出的大型股。這個時候最好選擇退場，但是如果你仍想在這樣的市場中獲利，就應該投資那些用很少的錢就可以買進的所謂輕量級股票，比如中小型藍籌股和本益比低的個股等，以防止股價下跌。另外，由於併購的可能性增加，也應該關注與併購相關的股票。

業績行情逆勢

　　在經濟衰退期出現的金融行情逆勢中，由於利率已經明顯走高，導致企業的投資心態萎縮，就會出現業績下滑的情況。在這種情況下，各項指標的變動如下。

　　首先，利率呈現逐漸下降的趨勢（↘），這是因為貨幣當局為了經濟軟著陸而逐漸降低利率。企業由於投資心態的萎縮，業績迅速惡化（↓），儘管股價下跌趨勢正在放緩，股價仍然表現疲軟（↘）。

　　因為企業業績惡化導致股價下跌，因此這種市場被

稱為「業績行情逆勢」。在業績行情逆勢中可以投資對經濟相對抗跌的內需相關股票，以及資產價值高的股票。比如食品飲料股、紡織服裝股、醫藥股等都屬於防禦股。這就是經濟狀況和股市之間的關係。

以下是浦上邦雄提出的指標動向摘要。

各個行情中出現的指標動向			
類別	利率	企業業績	股價
金融行情	↓	↘	↑
業績行情	↗	↑	↗
金融行情逆勢	↑	↗	↓
業績行情逆勢	↘	↓	↘

各個行情與其特點				
類別		經濟	股價	主要股票
擴張期	恢復期	• 減少資金需求並降低利率 • 價格穩定 • 民間增貸並開始加碼投資設備	• 金融行情 - 降息和經濟復甦的預期心理帶動股價上升 - 企業收支平衡好轉的預期心理，帶動股價加速上漲	• 利率下降的受益股 • 財政投資和貸款類股（建築、航空、電力等） • 抗衰退能力強的代表股 • 為經濟復甦做準備的運輸類股

	繁榮期	• 產銷量增加→淨利潤增加 • 擴廠→過度投資 • 消費增加，物價上漲（工資調漲率 > 勞動產能上升率） • 資金需求 > 資金供應→利率上升 • 政府實施貨幣緊縮、升息等經濟調整政策	• 業績行情 - 業績好轉導致股價上漲 - 股價在達到經濟高峰前預先反映經濟衰退，轉而下跌	材料業 （石化、鋼鐵、半導體等） ↓ 加工業（消費品） （回收）
收縮期	衰退期	• 在持續的金融緊縮下，實際利率上升，耐用消費品需求下降 • 生產活動減少，失業率上升	• 金融行情逆勢 - 股價進入全面下跌趨勢→下跌趨勢成形，即使上漲也只是短期反彈	• 中小型藍籌股 • 低本益比類股
	停滯期	• 銷售不振導致庫存堆積 • 新投資活動萎縮，失業率創新高 • 企業接連破產 • 政府致力推動貨幣寬鬆政策以刺激經濟，例如降息	• 業績行情逆勢 - 由於對經濟刺激和貨幣寬鬆的預期，股價下跌趨勢有所緩解 - 具經濟復甦早期跡象的潛力行業出現提前搶購與成交量增加的現象	• 與內需相關的防禦股（醫藥、食品、紡織服裝） • 資產股

　　如前所述，市場相對於經濟又分為金融行情、業績行情、金融行情逆勢、業績行情逆勢，這就是股市的四季。

📈 經濟周期早期所產生的 十倍股

經濟周期與股市之間的關係如下。

① 在經濟停滯期，股價結束下跌，轉為上漲趨勢。
② 在經濟復甦期，股價持續走高。
③ 在經濟繁榮期，股價在經濟巔峰前逆轉呈現下跌 趨勢。
④ 在經濟衰退期，股價持續走低。

我們在這裡可以看到，股價領先經濟。根據迄今的研究，股價的走勢比經濟提前 6 個月左右。因此在運用經濟的股票投資策略中，最好在經濟停滯期時買進，在經濟巔峰前賣出。

　　關於經濟周期，十倍股的出現可以看作是經濟復甦的早期階段。準確地說，在經濟不景氣、股市沒人關注的時候，你必須先買進股票，才有可能擁有十倍股。這就是為什麼我們要記住「無人去的後路有花叢」這句話的原因。

　　有關經濟周期，你可以從韓國統計處（www.kostat.go.kr）獲取綜合經濟指標，其中對股票投資人來說，最重要的資訊就是先行指標。我們可以透過先行指標與上月相比的走勢來識別商業周期。其走勢如圖所示。

　　我們來看看隨著韓國經濟復甦而出現的幾支十倍股。

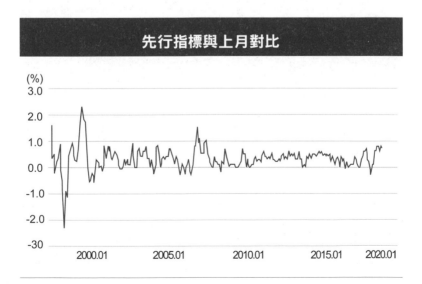

① 錦湖石化

2002 年，韓國掀起了致富熱。當時隨著鄰國中國的經濟好轉，韓國的經濟也開始加速好轉。當時韓國綜合股價指數的走勢如下。

當經濟好轉時，材料相關類股可說是最先上漲的股票。材料相關類股中，石化業是經濟復甦中受益最大的行業，當時的領漲股票是韓國的錦湖石化。錦湖石化在全球金融危機爆發前的 2002 至 2007 年的股價走勢如圖所示。

韓國綜合股價指數（KOSPI）指數年線

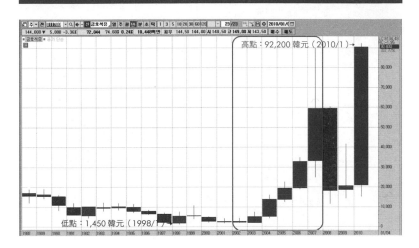

② 現代鋼鐵

　　在經濟復甦期領漲股票的材料業中還有鋼鐵業。鋼鐵是經濟復甦期社會間接資本投資或設備投資時不可或缺的材料業。當時，鋼鐵業中漲幅最大的股票是韓國現代鋼鐵。

　　同期現代鋼鐵的股價走勢如圖所示。

現代鋼鐵年線

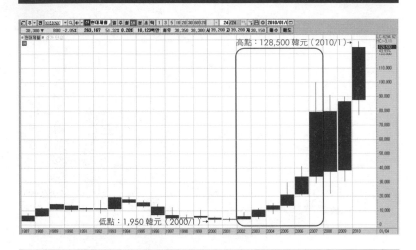

③ 現代商船（HMM）

　　另一個在經濟復甦中脫穎而出的行業是航運業。除了先前提到的材料業，即石化和鋼鐵業外，負責運輸它們的海運業是經濟復甦期間具代表性的經濟敏感股，其股價呈現大幅上漲。這可以透過韓國的代表性海運企業，即現代商船的股價走勢得到印證。

現代商船年線

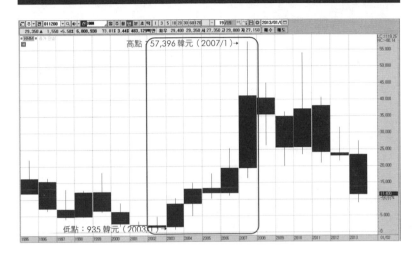

第 5 章

流動性擴大和十倍股個股

　　流動性擴張是指向市場釋放大量資金。一般來說，貨幣當局增加市場流動性的方法是降低利率、降低向商業銀行貸款時適用的重貼現率，以及購買市場上發行的貨幣穩定債券等。

　　然而，全球股市近期在經歷了 2007 年美國金融危機和隨後的歐洲財政危機之後，以量化寬鬆的名義釋放了大量流動性。尤其在 COVID-19 大流行時期，再次釋放流動性以保護人們的收入。以這種方式釋放出來的資金，變成了投機資金，全面湧向股市、原油市場、農產品市場和加密貨幣市場等，大幅拉抬了價格。

📈 流動性和股市的關係

市場流動性以兩種方式增加。首先是基礎貨幣,即央行釋放的現金或與其等價的短期資金;第二是信用創造,即透過銀行積極增加貸款,也會顯著增加流動性。

過去嚴格控制貨幣供應量,是因為釋放大量流動性會導致物價上漲,為經濟管理帶來很大的負擔。但隨著新自由主義在 1980 年代成為主流經濟理論,並試圖透過增加債務來實現經濟成長,無可避免的只能大量釋放市場流動性。

首先,讓我們看一下美國的基礎貨幣在經歷全球金融危機和 COVID-19 期間增加了多少。下頁圖中顯示了美國中央銀行美聯儲董事會資產負債表中的資產規模。美國中央銀行發行貨幣的方式是,在購買美國財政部發行的政府債券的過程中提供現金。由於中央銀行沒有資本,它們

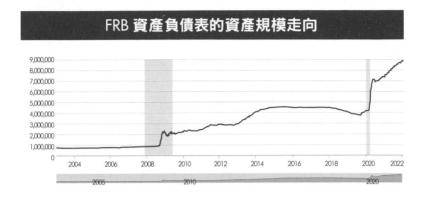

資料來源：美國聯邦儲備委員會

的資產和負債是相等的。所以美聯儲的資產規模就是流通中的貨幣量。

　　如圖所示，2007 年之前 1 兆美元的基礎貨幣幾乎被固定管理。2008 年金融危機之後，量化寬鬆維持了 10 年左右，在 2017 年約 4.5 兆美元投入到市場，淨供應量是 3.5 兆美元。更引人注目的是釋放了巨額現金，主要貨幣增加到 9 兆美元以應對 COVID-19 危機。

　　當資金像這樣被釋出時，股價就會背離經濟形勢。當然，釋放資金期間也同步實施減稅等措施，但如果你看看金融危機後美國標準普爾 500 指數的每月趨勢，就可以看出巨額資金是如何帶動股票市場。

標準普爾 500 指數月線

📈 流動性會不斷增加

　　市場流動性一旦增加，要減少流動性是一件非常困難的事。這是因為它會抑制經濟主體的投資人情緒，使得經濟放緩，尤其是在美國，由於美元是主要貨幣，因此很難大幅減少流動性。這裡的主要貨幣是指在國際商品交易中用於結算的中心貨幣。

　　擁有主要貨幣的國家透過鑄幣獲利，這稱為「鑄幣稅效應」。以韓國為例，如果有外債，則有必要創造貿易順差來償還，或者採取籌措資金、增加稅收等措施。過去，韓國在亞洲金融風暴期間也有過「獻金運動」。然而，主要貨幣國並沒有這樣做，只是印更多的鈔票來償還必要的債務，這種甜蜜的效果是主要貨幣國不能錯過的誘惑。事實上，美國自 1980 年代以來的經濟成長，可說是利用了主要貨幣國家的優勢。

　　除了美國之外，只有歐盟可以增加基礎貨幣，其他
國家不能這樣做，因為一旦釋放貨幣，就有可能引發外匯
危機。於是，主要貨幣國家或準主要貨幣國家，以美國為
中心，反覆增減基礎貨幣，但最終還是朝著增加流動性的
方向發展。同時，這樣釋出的資金透過國際金融市場流入
韓國，因此有時會出現伴隨股市的投機性物價上漲情形。

📈 流動性增加時產生的十倍股

在股市流動性充沛的時候，引人注目的是成長潛力突出的成長型股票，所謂的「科技股」呈現出暴漲的態勢。讓我們看一下此類公司的例子。

① Meta（Facebook）

Facebook 是受益於智慧設備廣泛普及化的代表性公司。它是 SNS 的代表，也就是所謂的社交網絡服務。除了 Facebook，還有 Instagram 和 Telegram，但人們使用最多的平台仍然是 Facebook。

看看圖中的股價走勢，可以看出 Facebook 在流動性充沛期間上漲了多少。

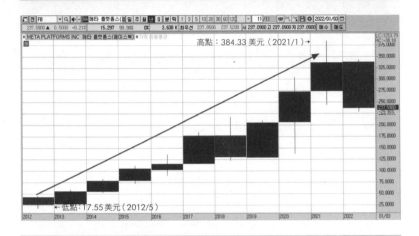

② Netflix

　　Netflix 是一家娛樂串流媒體公司，在全球 200 多個國家擁有超過 2 億用戶。它是透過頂級服務 OTT 賺取巨額利潤的公司，而 Netflix 也在流動性擴張時期帶著對未來的夢想不斷壯大。

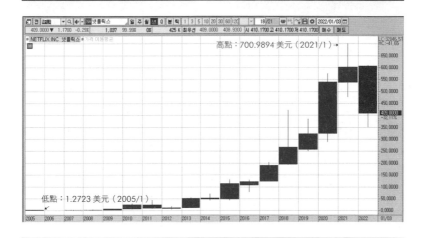

③ 新豐製藥

　　當流動性旺盛時，股價在短期內攀升之後又暴跌的情況很多，所以必須加以警惕。其中典型的例子就是韓國的新豐製藥。新豐製藥因傳出開發 COVID-19 口服藥品的好消息而使得股價攀升。2020 年東學螞蟻運動發生後，新豐製藥列為漲幅榜首。然而，隨著臨床試驗失敗的傳聞，以及公司在缺口拋售庫存股的事實被揭露之後，造成市場股價暴跌。新豐製藥的股價走勢如圖所示。

　　當股票價格隨著流動性增加而上漲時，對投資者來說最矛盾的事情就是股票價格偏離公司的基本面。

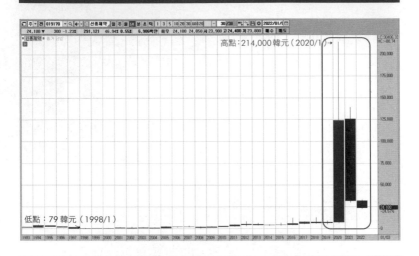

　　你在投資時必須相信股票價格從長遠來看會止於公
司價值,但在某些情況下,這種原則不適用於流動性市
場。

　　股價先漲之後,業績的提升必須緊隨其後,若非如
此,股價會先暴漲再暴跌。在這種情況下,深入了解公司
基本面對於獲利和避免挫折至關重要。

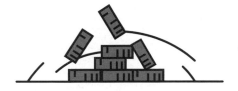

第 6 章

企業轉虧為盈
和十倍股個股

📈 企業轉虧為盈如何發生？

　　當一家公司轉虧為盈時，意味著大部分虧損的公司業績有所改善，轉為盈餘。但是，很難僅僅因為業績由虧轉盈，便斷言存在轉虧為盈的事實。如果更詳細地分析轉虧盈餘的情況則如下所示。

① 表現良好的企業跨越式成長的過程

　　即使對於一家經營業績良好、業績穩定成長的公司來說，這種狀態不一定能長久持續下去。據此，可以將目前表現良好的公司經歷「更上一層樓」的過程視為一種轉虧為盈的形式。

② 穩定成長的企業為了提升成長率而改善業績的過程

　　一家企業唯有不斷創造收入才能生存。即使目前企業的銷售額和獲利已穩定持續成長，但試圖拉高其成長率坡度的過程，也可以看作是一種轉虧為盈。

③ 因財務業績不佳，處於淘汰邊緣企業的重振過程

　　這是最典型的轉虧為盈形式。因財務業績不佳而面臨淘汰危險的企業，透過重組和出售不必要的資產以改善財務結構，或出售事業部門、子公司以籌措必要的資金之後，藉由進軍新事業領域等過程以改善業績，也能看作是轉虧為盈。

📈 如何判斷轉虧為盈是否成功？

轉虧為盈的最佳成果當然是業績的改善，這是因為所有業績都是集企業銷售額或利潤規模之大成。但是，我們還需要進一步了解轉虧為盈的另一面。

① 檢查成本結構是否得到改善

企業破產的最大原因是它們的成本結構鬆散。再好的公司，如果成本管理不善，最終也會破產。因此，在判斷轉虧為盈與否時，首先要檢查的是確保成本是否已得到適當的改善。重點是檢查冗員的減少、辦公自動化的進展和庫存管理的效率。

② 業務結構重組

唯有降低成本並產生足夠的銷售額，企業才能實現

穩定和成長。事實上，從企業的角度來看，銷售額的增加是一個不可控制的變數，那麼，企業可以控制的變數就是降低成本。

降低成本的首要條件是實現「規模經濟」（economy of scale）。規模經濟是指隨著生產規模的擴大，生產成本降低，進而增加利潤的過程。例如，小量生產多種商品的公司無法實現規模經濟。如果將這種業務結構精簡化，並創造小型商品的批量生產結構，那麼規模經濟就會活躍起來，業績就會提高。

③ 改善產品組合

你需要看看企業的產品是由什麼組成。波士頓諮詢公司根據相對市占率和市場成長率將企業產品分為問號型（Question Mark）、明星型（Star）、搖錢樹型（Cash Cow）和虛有其表型（Barking Dog）產品。

問號型指的是新產品；明星型指的是目前正在快速成長並獲利的產品；搖錢樹型是指銷售成長停滯，但變現良好的產品；而虛有其表型是指成長緩慢、市占率參差不齊的所謂淘汰產品。為了藉由改善產品組合，成功實現轉虧為盈，必須重組虛有其表型產品，並且創造一個良性循環，用在搖錢樹產品賺得的錢開發出問號型的新產品，然

後創造明星型產品。

④ 透過發展核心競爭力，捕捉新商機

　　所謂的核心競爭力是無論經濟狀況好壞或外部因素如何，公司成功所必須保持的能力。核心競爭力是企業所獨有的多元化技能、技術和知識的總合，必須是競爭對手無法輕易模仿的。舉例來說，Sony 的小型化技術、Canon的精密機械技術和光學技術、Honda 的引擎相關技術、Walmart 強大的物流系統、可口可樂的自有品牌形象統合等，藉由核心競爭力，不斷擴大營銷能力。

　　然而，並非所有公司都具備核心競爭力。有核心競爭力的企業不斷創造業績，得以生存，而缺乏核心競爭力的企業就這樣消失了。因此，一家沒有核心競爭力的企業，

必須透過併購或進化以取得核心競爭力，才能成為有吸引力的轉虧為盈企業。

⑤ 改善競爭環境

公司藉由與行業內的其他公司競爭而發展壯大。競爭環境可分為壟斷、寡占和完全競爭，其中，壟斷對企業來說是最有利可圖的。當一家企業在某一領域處於壟斷地位時，不僅保證了企業的生存，也創造了良好的環境以確保經營業績不斷增加。即使不是壟斷，而是有三、四家公司競爭的寡占也不錯。這是因為如果競爭對手數量少，就有談判的籌碼。

十倍股不會出現在競爭者們彼此你爭我搶的完全競爭狀態。因此，是否能打敗所有的競爭對手，或至少創造出寡占環境，更進一步取得壟斷的經營環境，也是檢視轉虧為盈的要點。

📈 轉虧為盈個股也能透過圖表挑選

　　圖表並不能告訴你一切。不過事實上藉由圖表也能找到轉虧為盈的個股。正處於轉虧為盈的個股會從投資者的視線中消失，經歷了被冷落和忽視的過程。此時，有意扭轉虧損的投資人們在觀望企業重組進程的同時慢慢收購股票。過程中當企業股價的走勢呈現出長期的橫盤走勢之後，真正出現轉虧為盈的情況時，往往會出現橫盤已久的股價突然攀升、行情看漲的情況。

　　Seegene 是韓國一家分子診斷公司，是可以透過圖表找到十倍股的一個例子。Seegene 雖然在分子診斷業界中擁有全球最頂尖的技術，但無法反映在業績上，因此呈現出長期橫盤的趨勢。如果技術得到業績的支持，這支股票原本可以實現量子跳躍（Quantum Jump）。隨後，由於

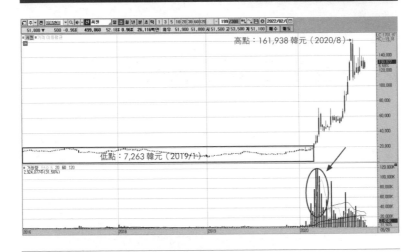

COVID-19 疫情，Seegene 診斷試劑的銷售量迅速增加，市場價格出現爆漲，短時間內成為了十倍股。

　　透過圖表尋找股票時，需要注意三件事。首先，必須有一個長期的橫盤趨勢；第二，那段時間企業一定不能倒閉；第三，行情看漲的時候，成交量一定要激增。最好多練習尋找符合這些條件的股票。

📈 轉虧為盈的十倍股

　　成功轉虧為盈的例子並不多。不過,三星電機是成功大翻身進入十倍股之列的代表性個股。

　　三星電機是一家電機材料企業,擁有各種產品的少量生產結構。這是一種擁有眾多客戶並製造和交付客戶想要產品的業務結構,這些業務不獲利,因為沒有規模經濟。因此,三星電機是三星集團主要系列公司中,在亞洲金融風暴後股價回升最慢的公司。

　　於是,三星電機決定調整公司的業務結構,並且試圖精簡產品線,專注於「三大技術和八大產品」。從那時起,三星電機的規模經濟開始顯現,業績大幅提升,導致股價上漲。

　　三星電機的案例並不廣為人知,但它是透過企業重組實現轉虧為盈的一個例子。2006 年三星電機業務重組

後股價的大幅漲勢如圖所示。

　　韓國的曉星公司是另一家像三星電機一樣成功進行業務重組和轉虧為盈的例子。曉星在 1998 年 11 月決定合併在亞洲金融風暴中草率經營的子公司曉星物產、曉星重工業和曉星生活產業。合併的優勢在於整合後台部門，降低了人事成本，並藉由合併後公司之間的綜效提高了業務效率。

　　合併三個子公司後，曉星透過艱苦的重組，將業務能力集中在高利潤領域。因此，2000 年後公司獲利狀況有所好轉，沉重的債務藉由還款得以解決，此後重工、化

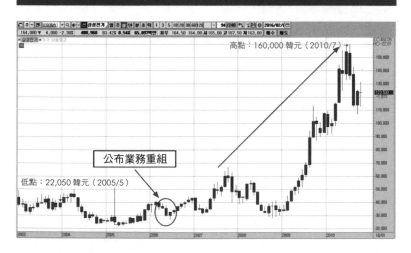

三星電機月線

高點：160,000 韓元（2010/7）

公布業務重組

低點：22,050 韓元（2005/5）

工、紡織、建築等各業務部門業績基本持平，同時出現脫
困跡象。透過圖表可以看出其股價在這個過程中是如何變
動的。

　　在轉虧為盈的個股中，既有透過業務結構重組恢復
正常的公司，也有藉由改善產品組合，找到新成長動力並
且成功轉型的公司。曉星原本是一家擁有不上不下技術的
公司，但它搖身一變成為從新開發的業務領域中賺取巨額
利潤的公司。

　　另外一家代表企業是生產和銷售電子煙設備的Emtek。
Emtek 是一家製造電子電機零件的公司，它在 2018 年跨足

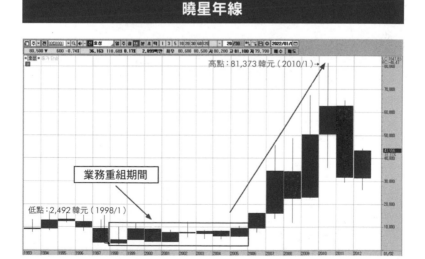

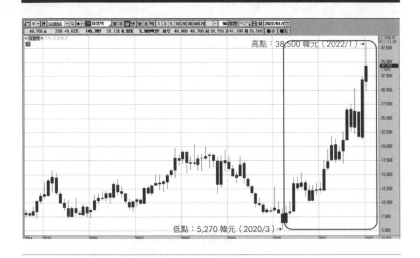

了電子煙設備業務。雖然主要業務已產生穩定的利潤,但隨著消費者從煙草捲菸轉向電子煙,電子煙市場成為新的驅動力,Emtek 也將業務重心轉向電子煙市場,同時股價大幅上漲。這也是值得關注的例子之一。

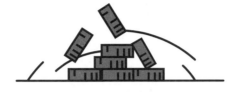

第 7 章

當眼前出現
十倍股個股時

📈 業界高手不會透漏的十倍股買進和停損時機

　　事實上，即使你在股市中買進了一支十倍股，要掌握所有行情並不像聽起來那麼容易。俗話說有很多人從地板買進，從腳踝處賣出。就算選到好的股票又如何？如果你完全無法取得這些行情價，那就像什麼都沒有。因此，從這裡開始我們將研究如何獲取投資人感興趣的所有十倍股的價格。

　　股票投資人為了獲得十倍股必須牢記的原則是，「交易的基礎是小賠大賺」。為此，我想先問問投資者對股票投資的看法。你對以下的說法有何看法呢？

　　① 股票上漲時買進，下跌時賣出。
　　② 股票下跌時買進，上漲時賣出。

　　以上兩種方法中，投資人們通常選擇哪一種呢？令人意外的是，選擇「②股票下跌時買進，上漲時賣出」的情況屢見不鮮。但是投資股票時，上漲時買進，下跌時賣出才是正確的交易方式。讓我們看看為什麼。

　　股票市場上有一句俗語是：「股票買在膝上，賣在肩上。」看看圖片，你就會明白什麼叫股票漲了就買、跌了就賣。如圖所示，左膝買入，右肩賣出，實現炒股的基本原則「小賠大賺」。然而，這句諺語中隱藏的真正含義，那就是當你買進一支股票時，你應該檢查股票的頂點。圖中，人頭上微微隆起的部分就是頂點。

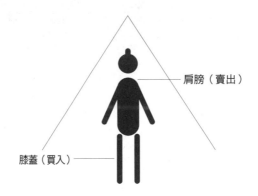

肩膀（賣出）

膝蓋（買入）

　　問題是：「買進價格真的是在膝蓋上嗎？」你可能會擔心是否買在腰際、肩膀或頭頂。因此，在獲得利潤之前先採取的交易方法就是「停損」（Loss Cut）。矛盾的是，你需要善於停損才能獲得豐厚的利潤。

　　停損是一件非常困難的事情，需要樹立一個原則並確實執行。在行為經濟學中，人們並不會意識到損失，其原因可由各種理論來解釋。但是，如果你沒有適當地設定停損點，將無法賺取大筆利潤。例如，原則是買進後下跌10% 停損，就必須在虧損 10% 的地方執行停損。否則，你的損失會繼續增加，便很難找到挽回的機會。當你虧損50%，需要獲利 100% 才能收支平衡，所以一邊急著追回虧損、一邊獲利，也許是天方夜譚。

　　一旦你擅長停損，下一個重要步驟就是如何實現利潤。例如，買入股票後採取的獲利過程如下。

① 如果產生 10% 的利潤，此時你應該要思考在損益平衡時賣出，而不是說聲「謝謝」就脫手。
② 如果產生 20% 的利潤，你應該認為只能實現 10% 的利潤。
③ 如果產生 50% 的利潤，你應該認為只能實現 40% 的利潤。
④ 如果產生 100% 的利潤，你應該認為只能實現 80% 的利潤。
⑤ 當利潤較大時，可以創造一個適當的停利點。先檢查頂點，以在頭部下方肩膀部分賣出的思維進

行交易。例如你賺了 10 倍的利潤，你很坦然地決定只實現 8 倍利潤。透過這個過程，便能夠實現交易的基本原則「小虧大賺」。這樣一來，當你遇到十倍股的時候，就能掌握所有行情。

📈 如何管理心理風險？

投資股票時，只有在心理穩定的情況下，才能抓到大行情。人們往往把股票投資看作對經濟理解力的較量。當然，確實需要對經濟學有所了解。然而即使你對經濟瞭如指掌，但如果不保持心理穩定，你也很可能會失敗。以下是保持心理穩定的方法。

① 千萬不要用別人的錢投資

用別人的錢投資總有一天要償還。特別是期限較短的貸款，人們往往會因為貸款期滿的負擔而增加心理焦慮。

股票價格是反映企業價值的指標。然而，企業價值不會在一夜之間改變。即使在我們目前所研究的案例中，企業價值至少也需要 3 ～ 5 年的時間才能逐漸產生變化。如果一家公司的企業價值在幾個月內迅速變化，很可能是

破產或內部人員挪用公款所致。換句話說，對企業價值帶來負面影響的變數是在短期內顯現出來的，但企業價值往好的方向發展是需要長時間來顯現。就如同煮美味的米飯需要時間一樣。

在這種情況下，如果你借別人的錢去投資，倉促之間是無法做出正確的投資判斷的。所以真正想擁有十倍股的投資者必須謹記，用別人的錢投資很難結出好果實。

② 投入的錢不會對自己的生活造成影響

在發掘十倍股的過程中，投資資金的規模不能太大。假設當你投資的錢輸光了，導致生活變得一貧如洗時，也同時危害了心理的穩定狀態。另外，就算你的生活不見得會一貧如洗，但如果你根據每天的行情變化進行換車或換公寓等級的資金投資，很有可能在短期內遭遇市場波動。

因此，你的投資金額最好要是即使輸光了，也完全不會影響你的生活。無論資金是 500 萬韓元（約合新台幣13 萬 3 千元）還是 1,000 萬韓元（約合新台幣 26 萬 6 千元），必須用不會動搖心理狀態的金額進行投資，才能克服在企業價值變化的過程中，因股價急遽下跌或長期橫盤所造成的焦躁情緒。

就像這樣，唯有解決投資十倍股過程中出現的心理焦慮，才能成功拿下行情價。

📈 初入門的投資新手容易錯過五種關於十倍股的真相

經濟復甦期，一切都黯淡無光

　　購買十倍股的最佳時機是在股市嚴重低迷、發生金融危機或 911 恐怖攻擊等外部衝擊而導致股價暴跌時。不用說，回報率取決於購買股票的價格。然而事實上，在經濟停滯期購買股票需要很大的勇氣。

　　沒有人知道什麼時候會發生外部衝擊，所以當意外發生時，我們必須在觀察趨勢的同時做出反應。

　　讓我們透過「道氏理論」來看看經濟和股市的走勢。查爾斯・道夫（Charles Dow）將股市的主要趨勢分為牛市和熊市，解釋了趨勢週期的過程，並將各個市場分為三個

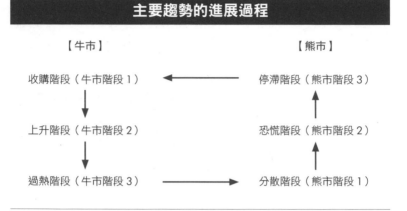

階段來判斷行情。主要趨勢的進展過程如上圖所示。

首先，讓我們看一下牛市各階段的特點。

① 收購階段

這是牛市的初期階段，整體經濟和市場行情不利，股價呈現橫盤趨勢。其特點是經營環境尚未恢復，未來前景黯淡。很多對經濟指標感到失望的投資人厭倦了漫長的熊市，願意在有買家時賣出。

不過，由於專業投資人往往會買入讓一般投資人失望的股票，因此成交量會略為增加。

② 上升階段

　　牛市的第二階段是上升階段，股價持續上漲。此時，隨著經濟指標等統計數據的改善，一般投資人的投資心理好轉，導致股價上漲，成交量也增加。根據技術分析，在這個階段，因為市場隨著趨勢而變化的關係，投資股票的人可以獲得最大的投資回報率。

③ 過熱階段

　　在上升階段中，許多一般投資人湧入市場交易，因此股價上漲過快、表現過熱。這一階段的整體經濟和企業獲利表現良好，企業因股價上漲而加大增資力道以確保資金穩定。而且隨著投資人的迅速湧入，交易量也在迅速增加。通常，沒有股票投資經驗的人此時會充滿信心地積極購買，但投資人必須格外小心的一點，就是他們可能會賠錢。

　　接下來，我們將研究熊市的三個階段。

① 分散階段

　　熊市的第一階段是分散階段。過熱階段是專業投資人察覺市場過熱，將持有的股票逐漸拋售的階段，以準備因應經濟活動的放緩。隨著進入分散階段，股價曲線的波

動逐漸平緩，即使股價略有下跌，成交量仍然增加。此時成交量之所以增加，是因為一般投資人在股價上漲時未能跟進，在看到市場回溫後開始買入股票。

② 恐慌階段

在第二個恐慌階段中，一般投資人的購買力大幅縮水、拋售力增強，導致股價大幅下跌。在此階段，隨著經濟指標等統計數據逐漸惡化，一般投資人試圖拋售手中的股票，但缺乏買家導致交易量大幅減少，股價也暴跌。而個人投資人之所以在恐慌階段也有信心，是因為他們願意在股價下跌時採取加大股票收購量的策略。

③ 停滯階段

第三階段是股價曲線下滑坡度變得相當平緩，但賣盤仍占主導地位，因此股價沒有出現大幅下跌或上漲的停滯階段。它的特點是拋售，原因是在恐慌階段還沒有賣出股票的一般投資人，其失望的待售股票流入市場。隨著拋售的發生，股價繼續下跌，但隨著時間的推移，股價的跌幅會變小。

在各個階段，我們都可以看到擅長炒股的專業投資人和不擅長炒股的一般投資人的行為模式發生變化。總結

如下。

　　一般投資人在各個階段表現出與專業投資人略有不同的心理狀態。以市場存在著恐懼和貪婪的事實來看，一般投資人在市場的各個階段都陷入恐懼和貪婪的狀況，而專業投資人不同於一般投資人，他們可以在行情氣氛下，表現出相對理性的投資心理。

各階段專業投資人和一般投資人的心理和投資策略

市場階段		牛市			熊市		
		收購階段	上升階段	過熱階段	分散階段	恐慌階段	停滯階段
投資人	一般投資人	恐慌	恐慌	信心	信心	信心	恐慌
	專業投資人	信心	信心	恐慌	恐慌	恐慌	信心
投資策略		–	漸進賣出	賣出	–	漸進買入	買入

　　有鑑於此，一位名叫約瑟夫·格蘭維爾（Joseph Granville）的人透過道氏理論提出了以下的投資策略。換句話說，必須從熊市第二階段的恐慌階段開始漸進買入股票，到熊市的第三階段，即停滯階段完成。另外，必須從牛市第二階段的上升階段開始漸進賣出股票，到牛市的第三階段，即過熱階段完成。

　　當經歷經濟停滯期之後來到經濟復甦的初期，經濟指標不佳，股市投資人情緒低迷。但是，我們不能忘記這是一個先馳得點取得十倍股的好機會。

十倍股個股來自閱讀，不是新聞

　　股票投資人常犯的錯誤之一就是沒有好好閱讀。他們被每天出現的新聞分散了注意力而忽略閱讀，但閱讀才是獲得真實資訊的地方。這就和想賺錢卻沒有好好研究如何賺錢是一樣的道理。

　　股票市場中的資訊價值如下。

① 所有投資人已知的資訊價值為「0」。
② 想要讓資訊有價值，必須是只有你知道而且屬實的訊息。這些資訊就是賺錢的原因。

　　要成為最先掌握股市中流動資訊的人既困難、又難斷定你所掌握的是最真實的訊息。這是因為最了解股市資訊準確性的人是公司的內部人員，尤其是高層管理人員。因此，從股市傳出的新聞，並不是真正能找到十倍股的資訊。

　　根據常識來投資股票是最正確的投資方式。獲得並擴大常識的方法是閱讀所有領域的書籍，包括解釋我們社會當前現象的書、提到未來社會將呈現何種樣貌的書、關於即將出現並商業化的新技術的書、國際社會動態方面的

書、談論人類表現出何種行為的心理學方面的書等，各個
領域的書籍都是對股票投資有幫助的書。

　　如果讓你看書，很多人看的是股票投資技巧的書，
或者與理財相關的書，但是在這些書裡你找不到十倍股。
只有當你基於廣泛的常識展開想像的翅膀時，才可能發掘
十倍股。所以，讓我們現在就開始閱讀吧。

不要混淆消費者的觀點和投資者的觀點

　　選擇十倍股時，你用什麼觀點去了解一家公司非常
重要。例如，以下兩種類型的企業中，你會選擇購買哪一
家的股票？

　　① 低價賣好東西的公司。
　　② 高價賣壞東西的公司。

　　當被問到這個問題時，很多人的回答是買入「①低
價賣好東西的公司」股票。但是，這是一個錯誤的答案。
想想看，好東西得賣高價才能賺到錢。低價賣好東西的公
司永遠不會是好股票，因為它沒有獲利。但是，選擇這些

公司的人都是站在消費者的角度來看公司。

　　從消費者的角度來看，低價賣好東西的公司當然是好公司；但是在投資股票的時候，不能站在消費者的角度看，而應該站在股東的觀點來看。因此，「②高價賣壞東西的公司」對股票投資人來說成了更好的選擇。壞東西還能高價賣出，這說明了公司正在壟斷經營。即使產品又爛又貴，如果只有那家公司能製造出產品，必然會產生需求。雖然我舉的是比較極端的例子，但是在投資股票時，你必須從一個股東或一個商人的心態去看待這家公司，才能準確地洞悉這家公司的獲利能力或未來的成長潛力。

　　在尋找十倍股的時候，也要用商人的眼光看待股票。消費者對以高價出售劣質產品的公司持批判態度，從而對這支股票形成不好的印象而對購買卻步。因此一定要記住，根據你是站在消費者的立場，還是股東或商人的立場，決定了你能不能挑選到十倍股。

等到業績明顯好轉時，為時已晚

　　有一句成語是「錐處囊中」，意思是「口袋裡的錐子」，是指一個才華橫溢的人能在人群中脫穎而出，就像

一把鋒利的錐子，即使靜止不動也會破繭而出。

　　企業當中也有像錐處囊中一樣的例子。例如擁有卓越技術或核心競爭力的企業，是隨時有條件成為十倍股的企業。

　　然而，企業價值真正壯大可能需要相當長的時間。問題是，如果你在業績明顯好轉的時候買入這類公司的股票，事實上，你已經錯失了十倍股的機會。因此，建議最好能提前買入像錐處囊中一樣的個股。

　　沒有人會認為每次投資都必然成功。例如在職業棒球選手中，打擊手的擊球率達到 30% 就被認為是非常傑出的選手。30% 的擊球率是指上打擊區的 10 次中，擊出 3 次安打。就算以棒球為職業，每天努力練習，也只能在 10 次當中命中 3 次，何況是投資股票，不可能每次投資都獲利。當你研究了幾支股票後買入個股，而其中出現一支十倍股，那就已經夠幸運了。萬一失敗，那麼便重新修正自己的思考邏輯並努力尋找股票，才是成功投資的過程。

　　投資聖人華倫・巴菲特的導師班傑明・葛拉漢（Benjamin Graham）在 1930 年出版了《證券分析》（*Security Analysis*）一書，因此獲得了價值投資之父的美譽。關於投資股票，葛拉漢這麼說：「買入相對於其內在價值被低

估的股票，並在股價接近其內在價值時賣出。但是，如果
等了 3 到 5 年，股價仍未接近其內在價值，那我就錯了。」

　　這意味著選擇正確的個股是一個艱難的過程。

　　擁有別人沒有的優秀技術和核心競爭力的股票，總能
顯現出本身的價值。而當這個價值真正發揮出來並且大幅
提高業績時，股價早已上漲，因此獲利率往往低於預期。
這就是為什麼你需要提前找到此類個股，並在它們真正開
始獲利之前買進股票。必須永遠快別人一步才能獲得十倍
股。

關注一級市場的走向而非二級市場

　　股票投資不限於在證券交易所上市的股票。股票是
股份有限公司發行的權益性證券，因此也可以投資未上市
的股份有限公司股票。事實上經驗表明，如果投資未上市
的股票，等到該企業在證券交易所上市時的獲利，比在以
證券交易所為代表的二級市場（流通市場）購買股票來尋
找十倍股的獲利更大。

　　例如，最初投資 2021 年 8 月上市的韓國 KakaoBank（純
網路銀行）的金融公司，當初以 5 千韓元（約合新台幣

133 元）的面額購買了股票。當 KakaoBank 公開募股上市時，公開發行價為 3 萬 9 千韓元（約合新台幣 1,030 元），獲利將近 8 倍。在股票上市後其股價飆升至 9 萬 4 千 4 百韓元（約合新台幣 2,500 元），金融公司因而獲得巨額利潤。

　　即使是具有潛力的公司，在創業初期也往往無法獲得適當的事業資金。對此類公司進行天使投資，也可以是投資十倍股的方式之一。所謂的天使投資是指個人集資為風險投資公司等初創企業提供必要資金，並獲得股票作為回報的一種投資方式。但需要記住的是，天使投資是高風險、高回報的投資。當被投資的公司成功上市之後，企業價值提升，投資人可以取得數十倍的利潤；但一旦失敗，大部分的投資額都會被視作虧損。

　　除了天使投資之外，也可以投資已經成立並準備上市的公司。可以從在韓國證券交易所的 KONEX 市場（專為規模較小、處於創業初期的風險企業或中小型企業服務的股票市場）上市的公司中尋找有潛力的公司，或者在韓國金融投資協會開設的 K-OTC 市場（店頭市場）的註冊公司中尋找有前途的公司，也是發掘十倍股的一種方式。

第 8 章

尋找適合自己投資傾向的
十倍股個股

📈 按照投資傾向的十倍股投資法

　　投資人的共同希望是藉由十倍股賺取巨額利潤。然而，根據投資人的投資傾向，看待十倍股的角度也可能不同。例如，有的投資人立下原則，絕不投資虧損的公司；有的投資人則是即使承擔部分虧損，只要以後有可能賺大錢，仍然願意投資虧損企業。根據投資期限的不同，有的投資人即使做長線投資也能忍受時間成本，有的投資人則希望在短期內取勝。

　　讓我們透過圖表來了解一下，根據各個投資傾向尋找十倍股的過程。請按照圖表來檢查一下你的投資傾向。

① 複利投資型企業傾向

　　所謂的複利投資型企業是指在長時間內維持高獲利能力的公司。複利投資型企業來自於提供具有較長生命周

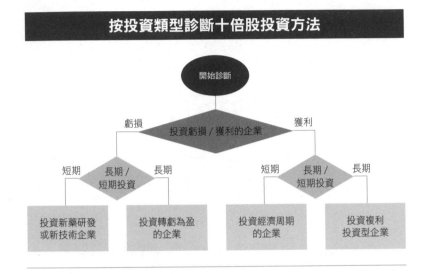

期的產品或服務的公司。建議投資傾向適合複利投資型企業的投資人，從康德拉夫周期初期所出現的龍頭公司中選擇十倍股個股。

為了選出複利投資型企業，需要洞察我們生活的世界正在發生怎樣的變化、消費者們的消費模式正朝著什麼方向發展，以及未來有哪些技術將徹底改變我們的生活。而投資這些公司時，你應該動用可以長期投資的資金，像存錢一樣去投資，不要被短期市場趨勢動搖或誘惑，這樣才能在長遠之後取得大行情下的紅利。

縱觀上述公司，作為行動通訊革命先驅的 Apple、在韓國半導體革命前線創下長期獲利紀錄的三星電子、網路

時代的領頭羊韓國 NAVER、美國 Google 等公司，以及綠色革命方面在二代電池和 ESS 具有優勢的三星 SDI 等個股，是符合複利投資型企業傾向的投資標的。

② 在周期行情中乘風破浪的傾向

在周期行情中乘風破浪的傾向是指不投資虧損的公司，而傾向於在較短的時間內獲得利潤。具有這種取向的投資人適合投資周期性企業。

一般來說，經濟周期往往根據基欽周期而變動。基欽周期持續時間約 3 ～ 5 年，平均約 4 年。想要利用經濟周期進行投資的投資人，應該在其他投資人完全不關注股市的經濟停滯期提前選股。

在經濟周期初期，原材料等物流量逐漸增加，而在經濟復甦初期應當注意需求集中的周期性產業。提到物流量的增加，運輸業是一個很好的選擇。運輸分為陸運、海運、空運等，但其中海運處理的貨物量最大。因此，在經濟復甦初期，最好投資海運，尤其是先投資散貨航運公司，然後再瞄準集貨航運公司。另外，在經濟復甦初期需要關注屬於材料業的公司，選股時要關注石化業、鋼鐵業等產業基礎產品。

對於應對周期行情的投資人來說，尋找合適的賣出

時機格外重要，因為投資周期相對較短。如果你不了解暴
漲後又暴跌的市場價格，你可能會與釣上的魚失之交臂。

③ 可以承受高風險的轉虧為盈傾向

　　在投資人中，有一些比較激進的投資人不介意投資
那些即使虧損也沒有倒閉風險的企業。這些願意進行相對
來說較長投資期的投資人，建議尋找轉虧為盈的個股。

　　大多數轉虧為盈的企業都處於中短期內難以避免虧
損的困境，確實需要一些時間才能真正實現轉虧為盈。傾
向於轉虧為盈企業的投資人應該持續關注自己感興趣的公
司，一家企業要脫胎換骨轉型為成長型企業，必須經歷艱
難的過程；然而，一旦成功轉虧為盈，便可以帶來巨額的
收益。

　　想要確認能不能轉虧為盈，需要仔細檢視企業是否做
好成本控制、作為新驅動力的業務部門是否已做好準備，
以及是否準備好開拓新市場。當你確認完畢之後再開始投
資，成功的機率就會很高。但是，如果情況發生變化，你
應該隨時大膽做出撤資的決定。因為資金會被經營不善的
企業套牢，而且虧損很有可能像滾雪球一般越滾越大。

④ 新藥開發企業、新技術開發企業等風險投資傾向

　　有人願意投資虧損的公司，那麼也會有人希望短期內看到投資成果。這些人具有追求高風險、高回報的激進投資傾向。

　　適合這類投資人的十倍股個股是具有開發新藥能力的生物製藥業，或者能夠開發全新技術的新技術開發公司等高風險投資企業。尤其是生物製藥業，近期有多家公司正挑戰研發罕見疾病新藥、標靶抗癌藥物、免疫抗癌藥物等。然而，新藥研發必須經歷動物和人體臨床實驗的艱難過程。這是一個高風險的投資標的，因為在新藥開發之前，因臨床效果不佳而中止的情況並不少見。雖然成功機率很低，但如果成功研發出一種新藥，並將技術出售給全球大型製藥公司，也是一門可以賺取巨額利潤的生意。

　　想要高風險投資企業的人們需要做足大量的準備功夫，不僅要了解相關領域的技術項目，還要不斷確認學術界和產業界的研究動向、研究成果的走向等，必須一而再、再而三不斷檢查和確認，才可以提高成功機率。

　　高風險、高回報的投資方式應該在你可以控制整個過程的情況下進行。換句話說，它是一種只有當你擁有可控的資金、可控的資訊傳遞和隨時停損的勇氣時，才有可能進行的投資方式。

　　有些人可能只有一種投資傾向，有些人可能具有多種投資傾向。有的人長期來看是屬於複利投資型傾向，但可能具備部分的風險投資傾向，擁有這種特點的投資人必須調整好投資比例，將大量資金分配在相對安全的投資上，並且降低風險投資比例以提高可控性。就像這樣，可以根據各個投資風險來建構投資組合。最重要的是，你必須正確了解自己的投資傾向再進行投資，才有可能成功。

📈 要在國內還是海外尋找？

　　最近，越來越多的人開始自由投資海外股票，而不僅限於國內股票。沒有必要只侷限在國內尋找十倍股個股，如今許多投資人都在世界各地尋找獨角獸企業。

各國皆關注獨角獸企業的誕生

　　所謂的獨角獸企業，是將市值超過 10 億美元的未上市初創公司比喻成傳說中的動物獨角獸。原本獨角獸是一種傳說中頭上長著獨角，類似馬的動物。女性風險投資家李艾琳（Aileen Lee）於 2013 年首度提出這個想法，她認為一家價值超過 1 億美元的未上市初創公司就像獨角獸一樣難以想像。目前具代表性的全球獨角獸企業有美國的

Uber、Airbnb、Snapchat，中國的小米、滴滴快車等，以及韓國的 Coupang、Yellow Mobile 也屬於獨角獸企業。

此後，隨著獨角獸企業數量的增加，美國綜合媒體集團彭博社把企業價值超過 100 億美元的初創公司稱為十角獸企業，十角獸是一種頭上長出十個角的虛擬動物，這也代表它是比獨角獸還稀有的初創公司。另外，價值是獨角獸 100 倍（hecto）的企業則被稱為百角獸（hectocorn）企業，因此在初創公司中有很多會帶來龐大投資機會的企業。

說到初創企業，我們首先要看看美國。美國是獨角獸企業的天堂，是誕生全球 48% 獨角獸企業的第一大國。美國創業生態系統的一個顯著特徵，是具有無與倫比的財務實力。從初期到成長階段的各種企業，有廣泛的資金來源可供選擇，包括來自投資人的資金、創投公司和機構小額貸款等。另外，美國創業市場還有各種扶持政策，影響力投資基金（資金是私人投資的兩倍）、導師輔導制度、專利快速通道方案等。

以下是一些作為初創公司大熔爐的關鍵地區。

① 矽谷

矽谷素有創業中心之美譽，是網路和行動技術的發源地。如果說雲端、人工智慧、自動駕駛等第四次工業革

命的核心技術都出自矽谷，一點也不為過。

② 紐約

　　紐約在多元化方面具備良好的生態系統。以紐約都會區為例，累計獲得 170 億美元的資金，截至 2019 年為止，進行了超過 883 筆以上的風險投資。創業初期的公司獲得資金的機率是僅次於矽谷的第二高，而且投資很容易回收。在紐約，健康科技、保健、教育、送貨和取貨等與生活息息相關的初創企業正在快速發展。

　　以下是紐約主要的初創企業現況。

企業名	經營狀況
Dataminer	提供即時全球投資資訊
Oscar Health	健康保險和遠程醫療服務
Peloton	室內自行車串流媒體服務
Schrodinger	機器學習方式的新藥研發支持平台
Letgo	在線二手交易平台

③ 洛杉磯（LA）

　　洛杉磯的矽灘是指科技和創投企業集中的沿海地區，有超過 500 家的初創企業以此為根據地，包括 Snap、Tinder 和 Netflix 等。

　　由於靠近好萊塢，洛杉磯的娛樂業一向蓬勃發展。美國西部最大的港口長灘港和洛杉磯港一帶的分銷、物流，以及線上線下的消費品被認為是具有潛力的產業。另外，快時尚、航太業和交通運輸業同樣也是有前途的行業。最近，Activision Blizzard 和 Riot Games 等具潛力的電競相關初創公司也紛紛成立。以下是洛杉磯主要的初創企業。

企業名	經營狀況	企業名	經營狀況
Fair	租賃合約服務應用程式	service Titan	家庭服務應用程式
Wag	遛狗看護專業服務應用程式	ZipRecruiter	線上求職和招聘服務
TaskUs	商業客戶管理系統	Cylance	網路安全及相關服務
Radiology Partners	放射治療和護理服務	The Boring Company	地下運輸隧道網路

　　說到初創企業，中國不亞於美國，是具備創業熱情的國家。從 2000 年開始約 20 年來，中國政府宣布了四項與創業相關的計畫。雖然起初並沒有什麼實質成果，但得益於中國政府的一貫政策，不斷擴大扶植力道，最後打造出一個成功的創業生態圈。因此自 2015 年以來，中國的獨角獸企業業績一直在提升。在這個基礎下，鼓勵了大眾創業。目前中國每天約有 16,000 家初創企業誕生。

特別是在中國，由於積極創建培育初創企業的民營創業基金（如北大、清華創業基金），創業熱潮正在大學校園中沸騰。全球分析家指出，大多數極具潛力的初創企業都在中國，中國的創業熱潮正在超越美國。

中國的創業熱潮自然會催生出全球最好的公司。根據美國市場研究機構 CB Insights 在 2021 年公布的數據，全球獨角獸企業總數為 959 家。獨角獸企業數量最多的國家是美國，擁有 488 家；其次是中國，擁有 170 家；韓國的 Coupang 和 WeMakePrice 等也包括在獨角獸企業名單內。

海外投資存在著風險

投資海外股票可能比投資國內股票面臨更多風險，介紹兩種代表性的風險如下。

① 資訊不對稱風險

資訊結構不對稱是指資訊沒有平均分配給所有與利益相關的人，有些人掌握大量準確的資訊，而有些人掌握的資訊很少或不正確。當這種情況發生時，在大多數情況下，那些擁有更多準確資訊的人很有可能從那些資訊較少

或不正確的人身上獲益。也就是說,當處於資訊弱勢的地位時,就會出現不利的局面。

這種資訊不對稱的現象也出現在股市中,通常擁有較多資訊的人賺錢,擁有較少資訊的人賠錢。換句話說,資訊上游、尤其是經營管理階層,把應該分配給股東的利潤份額,在處於弱勢的股東們不知情的情況下,私自決定中飽私囊。

如果你在市場中處於資訊弱勢的地位,你永遠不會獲得好的投資結果。這就是為什麼為了做出正確的投資,你應該投資於你最了解的行業和企業。我所謂了解的意思是,熟知公司的每一個細節。包括公司從事何種業務、生產和銷售何種產品、成本結構如何、財務狀況是否穩健,以及管理階層的素質是否妥當等。如果你不了解你想要投資的公司這些相關事項,那麼你投資失敗的可能性比成功的可能性更大。如果說投資始於消除資訊不對稱開始,一點也不為過。

那麼海外投資的情況又是如何呢?如果語言不同、會計準則不同,又因為地理位置遙遠的關係,很難真正查證消息,很可能會面臨資訊不對稱,導致做出逆向選擇,以高價買入爛股。事實上即使身處本國,得到的是母語資訊也不一定能獲利,考慮到這一點,我們必須認知海外投

資的風險更大。

② 匯率波動風險

　　海外股票投資的另一個風險是匯率波動的風險。海外投資從表面上看是投資外國企業發行的股票，實際上是投資該國貨幣的同時也投資股票。因此，衡量海外投資的績效非常困難。讓我們透過以下的例子進行更詳細的介紹。

- ◆ 當海外股票上漲，外幣也升值時：在這種情況下，利潤翻倍。因為股票和外匯投資都賺錢。
- ◆ 當海外股票上漲，但外幣貶值時：這時候就很難知道獲利的方向。當股票投資報酬率大於幣值的跌幅則為獲利，但若幣值跌幅大於股票投資回報率，則為虧損。
- ◆ 當海外股票下跌而外幣升值時：在這種情況下，也很難知道獲利的方向。如果股票投資的虧損率大於幣值的增值率，就會出現虧損；反之，就會出現獲利。
- ◆ 當海外股票下跌，外幣也貶值時：在這種情況下，損失翻倍。因為投資的股票賠錢，投資的外幣也賠錢。

　　因此，海外投資比在本國投資要考慮的變數更多，因為盈虧除了得看股票投資的報酬率之外，還取決於當地的貨幣價值是上漲還是下跌。應該謹記，跨境所帶來的匯

率波動風險會增加投資風險。

未來創新型企業是唯一的出路嗎？

　　認為能成為十倍股的個股只出自引領未來社會的未來創新型企業，這種想法是錯誤的。當然，十倍股可以來自具有出色的未來成長潛力的公司，但十倍股也可以來自任何目前正在營運中的公司。

　　首先，現有營業的公司中，經營的業務是其他人不喜歡的範疇，可以提高獲利能力，其中一個例子是除蟲的驅蟲公司。以韓國為例，年代久遠的舊公寓很多，漢江附近過去曾被洪水淹沒的土地上也蓋了許多房屋，因此經常有大量的蟑螂出沒。從事捕捉蟑螂業務的公司為人們提供急需的服務，如果沒有競爭對手，這類公司就很有可能成為十倍股。

　　其次，隨著人口結構的變化，即使不是治療新疾病的新藥，但擁有需求量大的產品的公司也可以看出獲利能力顯著提高。延長人類平均壽命顯然是最重要的變化之一，同時致命疾病正在增加。如果一家公司開發出治療致命疾病的突破性藥物，其股價就會暴漲。

開發新藥是一項非常昂貴且耗時的任務。然而,健康功能食品與開發新藥不同,它很容易商品化。例如,像肉毒桿菌等具有出色抗皺效果的產品,以及緩解女性更年期症狀的產品,即使不一定是創新企業,但由於人口結構的變化而打開新市場的領域也有可能出現十倍股,這一點不容忽視。

第 9 章

必定會產生
十倍股的七項產業

自動駕駛汽車業

通訊技術的發展使世界上存在的有形和無形事物以各種方式相互連接，這是無法單獨提供的新服務，指的就是物聯網（Internet of Things，IoT）。顧名思義，物聯網是指透過網路把事物相互連接起來。與現有的網路連接電腦或手機的無線上網不同，物聯網是將世界上所有的物體，如辦公桌、汽車、冰箱、洗衣機、電燈、暖爐等連接起來所組成的網路世界。

於是人們開始思考物聯網世界中最核心的設備是什麼。初期，智慧型手機充分發揮了核心設備的角色。在這個過程中，有些公司計畫使用冰箱作為核心設備，而有些公司則計畫使用電視。

到了現在，沒有人會不同意汽車被看好成為未來的核心設備，也就是自動駕駛汽車。Apple 旗艦型 iPhone 每

支售價為 1,500 美元（約合新台幣 4 萬 6 千元），一般型號的售價是 1,000 美元左右（約合新台幣 3 萬多元）。不過，如果汽車成為核心設備，預計至少能賣到 4 萬到 6 萬美元（約合新台幣 123 萬到 184 萬元）。與單單銷售智慧型手機相比，這是一項利潤更高的產業。

因此，Apple、Google、特斯拉和世界領先的汽車公司都紛紛跨足這項產業，正卯足全力開發自動駕駛汽車。自動駕駛汽車是人們乘車但不負責駕駛的汽車，基本概念是充當移動辦公室或客廳的角色，因此車內沒有方向盤和油門，乘車人員可以在移動的車內搜索資訊、聽音樂、處理工作等。

為了使自動駕駛成為可能，需要最先進的技術，例如汽車半導體、無緩衝或斷線的無線網路服務、可以收集外部資訊的感應器，以及可以控制一切的電子設備等。總而言之，自動駕駛汽車可以說是應用了包括 IT 在內的所有技術要素的科技寵兒。自動駕駛目前所劃分的階段及其特點總結如表格所示。

自動駕駛汽車產業的關鍵取決於誰最先完成自動駕駛汽車，並且成功商業化。因為在贏家通吃的世界裡，成為第一名的選手會擁有遠勝任何人的龐大優勢。

階段	Level 0	Level 1	Level 2	Level 3	Level 4	Level 5
定義 是否	非自動 駕駛	駕駛人 協助	部分自動 駕駛	有條件的 自動駕駛	高度自動 駕駛	全自動 駕駛
自動化	警告和臨 時協助	轉向或速 度	轉向和速 度	在規定的 條件下駕 駛車輛	有駕駛人的 自動駕駛	即使沒有 駕駛人， 在所有條 件下自動 駕駛
駕駛人	執行所有 駕駛任務	駕駛員控 制，部分 駕駛功能	參與駕駛 並時刻監 控環境	需要駕駛 人但不需 監控	車輛在特定 條件下執行 所有駕駛功 能	車輛在所 有條件下 執行所有 駕駛功能
提醒	·自動緊 急裝置 ·盲點警 告 ·車道偏 離警告	·維持行 駛車道 ·巡航功 能	·維持行 駛車道 ·巡航功 能	堵塞路段 駕駛輔助 系統	·區域無人 計程車 ·無需安裝 踏板和控 制裝置	全自動駕 駛
商用化 時機	完成	完成	完成	–	預估 2025 年完成	預估 2025+ 年完成

第二是關鍵零組件由誰供應。而且重點是它供應給哪家汽車製造商，以及任何一家汽車製造商生產的產品都必須使用該廠商的零件也同等重要，或者是擁有至今無人使用的突破性技術的企業。在選股時必須觀察行業未來的發展方向。

目前與自動駕駛汽車相關的股票包括特斯拉、輝達、

微軟、Alphabet（Google）、高通、Apple、豐田、英特爾、福特、奇異（GE）、現代汽車公司和 KIA 汽車等，這些都是正引起國內外關注的個股。

📈 二代電池產業

　　二代電池是可以充電和放電的電池。不同於一次即扔掉的一代電池,它們是未來可用於各個行業的核心零組件。由於歐洲嚴格的二氧化碳排放法規和電動汽車的可銷售性提高,二代電池是有望隨著銷售數量增加而持續成長的產業。除了電動汽車電池之外,還能因應儲能系統 ESS 的需求,以及附在智慧設備上的電池也需要高性能,因此二代電池是未來產業的關鍵零組件,有望在 IT 設備中發揮和半導體同等的作用。

　　目前具代表性的二代電池成品的電芯企業包括韓國的 LG Energy Solutions、SK Innovation 和三星 SDI,以及中國的代表性企業寧德時代新能源科技(CATL)。電池主要分為正極材料、負極材料、電解液和隔離膜。以下是目前市場上所討論的股票摘要。

電芯企業	成品電池產品企業	· LG Energy Solutions · SK Innovation · 三星 SDI
正極材料	電池的四大材料之一，決定電池性能的材料。由正極活性材料組成，例如用於高容量的鎳、用於穩定性的錳和鈷，以及用於提高輸出的鋁	· LG 化學 · EcoPro BM · L&F · Cosmo Advanced Materials
負極材料	石墨等碳材料的功能是當電池充電時，從正極材料接收鋰離子，是占電池總材料成本 80% 的昂貴材料	· 浦項化學 · 大州電子材料 · 韓松化學 · 東進半導體
電解質	是和正負極材料並列的四大核心材料之一，有助於離子在電池中平穩移動	· SoulBrain · Foosung · Chunbo · Dongwha Enterprise · Enchem
隔離膜	隔絕正極和負極之間接觸的分隔膜	· SK IE Technology · LG 化學 · 大韓油化
銅箔	是構成二代電池核心材料、即負極材料的最重要材料	· IL JIN MATERIALS · SKC · Solus BioTech
添加劑	可提高二代電池性能和壽命的添加材料	· Chunbo · Advanced Nano Products · Daejoo Electronic

　　電池業界目前正在全神貫注開發超越鋰離子電池的全固態電池，端看業界未來的技術發展，才能確定哪些產品將成為最終的二代電池。可以確定的是，二代電池產業將成為關鍵的核心零組件，未來市場規模有望持續擴大。在如此蓬勃發展的市場中，就有可能出現十倍股。

📈 元宇宙產業

　　元宇宙來自於 Metaverse，其中 Meta 表示「虛擬、超越」，verse 表示「宇宙 universe」，合併後成為「元宇宙」。這是一個像現實世界一樣運作的社會、經濟和文化活動的三度空間虛擬世界。元宇宙是比虛擬實境 VR 更進化的概念，其特點是使用替身，不僅可以享受遊戲或虛擬現實，還可以像現實生活一樣參與社會和文化活動。

　　尤是當高速、超連接和超低延遲的 5G 通訊進入商業化，同時發生 COVID-19 大流行時，元宇宙才真正開始普及。換句話說，隨著 5G 商業化，目前已經成功發展出實現虛擬實境 VR、擴增實境 AR 和混合實境 MR 的技術；而隨著 COVID–19 的危機，帶動了非接觸和在線趨勢的需求，元宇宙也開始普及，並呈現擴大趨勢。

區分	META	MS	Google	Apple
元宇宙相關的收購公司	· Oculus · Bit—Games（VR 遊戲） · Scape Technologies · Ctrl—labs（人機介面）	· Mojang Studios（Minecraft） · Altspace（VR 平台） · ZeniMax（VR 遊戲）	· Quest Visual（ARS ／ W） · Eyefluence（VR 設備） · Owlchemy Labs（VR 遊戲） · North（智慧眼鏡）	· Metaio（ARS ／ W） · Faceshift（人臉辨識） · V—Alvana（AR、VR 設備） · Akorea（AR 設備鏡片） · Camera Eye（ARS ／ W） · Text VR（VR 內容）

　　元宇宙的魅力在於類似現實空間的臨場感和忘我感、與替身之間的即時交流，以及透過在難以親臨的空間中體驗活動而產生的替代滿足感。藉由這種方式，元宇宙產業可以將其服務擴展到各個領域，並在此過程中創造出獲利模式。

　　在跨國企業中，以上四家公司目前正在併購相關公司，以成為元宇宙產業中占據領先地位的代表性企業。

　　除此之外，如果想要實現元宇宙，還需要以下三個關鍵要素。

GPU	引擎	XR 設備
·NVIDA（外接 GPU 市占率 80%） ·AMD ·英特爾	·Unreal 引擎：虛幻遊戲 ·Unity 引擎：Workrooms、Zepeto、Ifland	·Oculus ·Microsoft HoloLens

　　目前元宇宙市場已經部分啟動，但還沒有完全成熟。之所以有這樣的分析，是因為業界中還沒有出現擁有明確獲利模式的賺錢公司。

　　問題在於，誰將成為這個產業的最強者，以及哪些設備和內容會引起人們的關注，由於這些尚未明朗化，相對來說機會更大。元宇宙指數股票型基金（ETF）已在韓國上市，你可以查看列入各個指數股票型基金中的公司。

　　在這種情況下，首先要投資的是指數股票型基金。你需要購買在美國上市的指數股票型基金，以及在韓國上市的元宇宙指數股票型基金。因為美國市場的大型 IT 企業比韓國多且財力充足，元宇宙產業最後很可能落腳於美國市場。投資指數股票型基金之後，如果出現領先企業，那就賣掉指數股票型基金，買入該公司的股票。

　　然而，了解元宇宙產業比了解這些交易策略更重要。例如，假設 Google 收購了一家公司，你可以透過了解連漪效應等現象來學習這方面的技術。如果你只想躺著吃從樹上掉下來的柿子，那就永遠不可能找到十倍股。

📈 核能電廠除役產業

在日本福島核能電廠發生意外之後,主要國家停止核能電廠的運作,或者推遲或取消建設計畫,因此確保核能除役技術成為一項重要任務。核能電廠除役市場正成為核能相關產業的藍海,根據產業預測,預計到 2050 年將形成 1,000 兆韓元(約合台幣 26.6 兆元)的市場。

目前,全球有 140 座核能電廠已關閉並等待除役,其中 18 座已被拆除,其餘 122 座正在等待拆除。2004 年,國際原子能總署(IAEA)預測到 2050 年將有 430 多座核能電廠進入拆除程序。根據核能專業機構韓國水力核電公司(KHNP)公布的數據顯示,每座核能電廠的平均拆除成本約為 6,000 億韓元(約合新台幣 160 億元)。因此如果按照此筆費用進行,將形成價值數兆元的拆除市場。

核能電廠的拆除作業並非簡單地拆除建築物,而是

存在輻射風險因素，拆除周期短為 15 年，長至 60 年不等。目前，世界上已經拆除商業核能電廠的國家只有美國、德國和日本。韓國有拆除 TRIGA Mark 2 號和 3 號核子反應爐的經驗，而這些是小型研究的核子反應爐，而不是商業核能電廠。

據悉，核能電廠除役所需的核心技術總共有 96 項，其中商業化技術有 58 項、核心基礎技術有 38 項。目前韓國水力核電公司正在開發 58 項商業化技術，韓國原子能研究院正在開發 38 項核心技術。韓國水力核電公司聲稱，已開發出 58 項核能電廠除役核心技術中的 54 項。韓國水力核電公司和原子能研究所正在根據古里 1 號（位於釜山）核能電廠的拆除時間表，開發尚未獲得保障的剩餘技術，例如地下水監測、污染評估和處理大型廢棄物的遠程控制技術。

為了配合第四次工業革命時代，虛擬實境、擴增實境或機器人技術有時被納入核能電廠除役技術之中。透過製作逼真的核能電廠除役過程模擬影片，可以預防工安事故、提高工作效率。透過拆解過程能夠模擬計算工作時間和成本，從而優化流程，提高經濟可行性和安全性。另外，也正在引進各種可應用於安全管理的技術和產品，例如利用水下無人機或機器人，盡可能減少危險區域的人力

投入。

　　問題是，目前還沒有任何一家民營企業擁有這種核能電廠的除役技術，但是等到市場開放並出現獲利的時候，民營企業勢必跨足這項產業。考慮到這個產業的風險，可能形成壟斷或寡頭壟斷市場，如此一來，那些企業的獲利能力就會穩定。我認為這就是未來的金雞母公司所誕生的領域。

　　因此，觀察目前以政府為中心的核能電廠除役技術是否開放到民間，並追蹤和確認有哪些公司正在進軍該產業，你就非常有可能找到十倍股。

📈 宇宙航空產業

Space X 是由特斯拉首席執行長伊隆・馬斯克（Elon Musk）創立，是一家太空探索公司，主要設計並製造發射體、火箭發動器、太空貨船、衛星網路、星際太空船等，旨在引領人類進入太空，降低太空探索成本。以美國為例，私人公司出於商業目的參與太空開發的例子很多，但在韓國，大多數項目都是由政府主導。

宇宙航空產業不僅僅是載人或載貨物飛上太空，目前正在發展中的宇宙航空產業總結如下。

① 建設衛星導航系統

GPS 一詞通常指的是衛星導航系統，但它是屬於美國的系統。人們對於超精確數據的需求隨著時間的推移而增加，主要國家正在建設自己的衛星導航系統。

　　之所以需要一個獨立的衛星導航系統，最大原因是由於自動駕駛系統。為了達到四級自動駕駛，需要一個能夠識別道路上所有物體，並且掌握整體交通流量的衛星導航系統。衛星導航系統稱為 GNSS（Global Navigation Satellite System），主要國家的服務如表格所示。

系統	國家	覆蓋範圍	運作狀態	提供服務
GPS	美國	全球	1995 年之後 覆蓋全球	・一般定位服務（私人提供） ・精準定位服務
GLONASS	俄羅斯	全球	2011 年之後 覆蓋全球	・通用頻道（私人提供） ・高精度頻道
Galileo	歐洲	全球	2020 年之後 覆蓋全球	・開放服務（免費） ・商業服務 ・公共服務 ・搜救服務
Beidou	中國	全球	目前覆蓋亞太 地區	・開放服務（私人提供） ・授權服務 ・簡訊服務（中國地區）
NAVIC	印度	本國與 周邊地區	衛星運行中	・一般定位服務（私人提供） ・精準定位服務 ・向部分地區發送警告訊息
QZSS	日本	本國與 周邊地區	2018 年 11 月 之後部分運作	・衛星定位服務 ・疾病和風險管理 ・定位技術驗證服務 ・公共服務
KPS	韓國	本國與 周邊地區	計畫在 2030 年運作	未定

② 地球觀測衛星

第二個是地球觀測衛星。到目前為止，它的作用是透過觀測大氣和海洋來測量天氣，但最近為了觀測和控管森林火災、海嘯和地震等災害情況，正在增設更多系統。

③ 私人太空產業

過去的宇宙航空產業主要由政府主導，但自 2016 年以來，由美國企業所主導的各種活動越來越多。包括私人太空旅行、小衛星發射產業、透過觀測衛星銷售和開發地面數據，以及太空資源探索活動正成為主要任務。目前此類用於商業用途的火箭發射，其增加例子主要集中在美國。2020 年美國聯邦航空管理局許可的火箭發射中，有一半以上來自於 SpaceX。

韓國宇宙航空相關的上市公司如下頁表格所示。

宇宙航空產業不再是一個夢想的產業，而是需要從國家策略層面來管理的一個非常重要的產業。因為它是一個具有高成長潛力的行業，所以這是尋求利潤的公司可以積極參與的事業領域。事實上，宇宙航空產業也是一項會帶來高額利潤的事業，當它開始產生利潤時，這些利潤可能會失控暴衝。最重要的是了解技術的發展及其應用，然

分類	區分	股票市場上市公司	KOSDAQ 上市公司
製造太空設備	製造衛星	韓國航空宇宙、Hanwha Systems、Sunny Electronic	Satrec Initiative、I3system、AP 衛星、NEUROS
	製造發射體	韓國航空宇宙、韓華航空航天、Firstec	EMKOREA、HANYANG ENG、Hylok、Kortek
	地上設備	韓國造船海洋、現代 Rotem、Doosan Enerbility、韓華航空航天	HANYANG ENG、Satrec Initiative、AP 衛星
太空運用	衛星服務和設備	Hanwha Systems、KT SkyLife	KMH、Intelliantech、Mobile Appliance、Mercury、Humax、Homecast、AP 衛星、Finedigital、Diemti
	太空探索		AP 衛星

而必須注意的是，產業技術的進入門檻很高，並且事業很可能會因政治因素而受到限制。

📈 新藥開發產業

　　人類平均壽命的延長無疑是一件幸運的事。然而，老化就如同身患多種疾病一樣，人類的身體機能不可能永遠都維持在 20 多歲的狀態。隨著年齡的增長，不僅身體機能下降，皺紋或關節炎等退化性疾病也在增加。從這個角度來看，未來將開發出各種類型的新藥，讓我們在壽命延長的同時也能享受幸福的生活。

　　目前，生物醫藥市場可分為國外製藥廠和國內製藥廠。就產品而言，可分為「原廠藥」產品和「學名藥」（generic）產品。原廠藥和學名藥產品可以解釋為「世界上原本沒有的新藥」及其「複製藥」。學名藥並不是低品質或有問題的藥物，而是同樣必須經過國家管理的生物等有效性試驗才能複製並且上市。學名藥的藥品價格低於原廠藥，對財政保險方面也有很大的幫助。迄今為止，國外

製藥廠主要銷售的是原廠藥，而韓國國內製藥廠銷售學名藥的比例往往高於原廠藥。

　　不過，韓國生物製藥企業也在努力打造高利潤的原廠藥產品。問題是，製作一個原廠藥產品需要大量的資金和漫長的時間，所以很難輕易保證成功。特別的是，韓國的製藥商不是完成新藥的開發，而是以技術出口的形式簽訂合約，以獲取在新藥開發方面的專有技術。

　　儘管如此，一旦新藥開發成功，可以獲得巨額的利潤。例如，2015 年韓國的韓美藥品宣布陸續與跨國製藥商簽訂技術出口合約。當時，韓美藥品的股價呈現爆發式

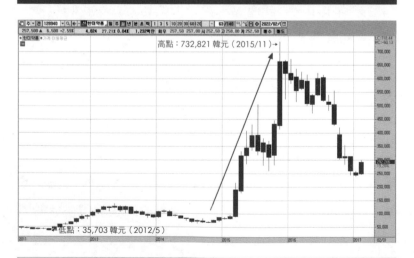

韓美藥品月線

上漲。

但也曾經發生過出口的新藥研製技術未能成功研製出新藥，只得退還的困境。由此可見，原廠藥的研發難度很大，但能夠成功克服這份艱難工作的企業，就有可能成為十倍股。其中，最近正在針對標靶抗癌劑藥物展開大量研究的製藥企業和現況如下。

企業名稱	項目名稱	適用病症	臨床試驗狀況
柳韓洋行／Oscotec	Legjala	非小細胞肺癌	一期臨床試驗
韓美藥品	Pojiotinib	非小細胞肺癌	二期臨床試驗
Bridge Biotherapeutics	BBT-176	非小細胞肺癌	探索性試驗
Nibec	–	實質固態瘤	臨床前試驗
PharmAbcine	Ollinbesimab	三陰性乳癌	二期臨床試驗
ABION	ABN401	肺癌	探索性試驗
韓美藥品	Belbalapenib	實質固態瘤	重複劑量試驗

來源：Kiwoom 證券研究

此外，在現代人所罹患的疾病中，針對帕金森氏症和阿茲海默症的新藥開發也備受關注。以下是各個正在開發的項目。

分類	企業名稱	項目名稱	比較
帕金森氏症新藥	Peptron	PT-320	美國國立衛生研究院共同開發的帕金森氏症治療劑，預計在 2022 年 4 月 2 日完成
	D & D Pharmatech	NLY01-PD	GLP-1R 系列，美國／加拿大二期臨床試驗進行中
	Kainos Medicine	KM-819	FAF-1 系列，韓國提交二期 IND，美國完成二期臨床試驗
	1ST Biotherapeutics	FB-101	c-ABLkinase 系列，美國完成一期臨床試驗
	ABL Bio	ABL301	SNCA、IGF1R 系列，臨床前試驗進行中
	Cellivery Therapeutics	iCP-Parkin	臨床前試驗進行中
	CHA Biotech	FMD-NPC	同種異體細胞療法，臨床前試驗進行中
	Dong-A ST	DA9805	源自天然成分（例如牡丹皮）的治療劑，美國二期臨床試驗進行中
	Il Yang Pharmaceutical	Supect	c-ABLkinase 系列，法國二期臨床試驗進行中
阿茲海默症新藥	GemVax	GV1001	阿茲海默症治療劑，韓國三期 IND 等待批准中
	ARIBIO	AR1001	阿茲海默症治療劑，美國完成二期臨床試驗，2022 年申請三期 IND
	NATURECELL	AstroStem	自體脂肪幹細胞，探索性試驗中
	CHA Biotech	PlaSTEM-AD	同種異體胎盤幹細胞，劑量擴展試驗中
	NKMAX	SNK01	NK 細胞療法，墨西哥一期臨床試驗進行中
	Neuracle Science	NS101	加拿大取得一期 IND 認證
	D & D Pharmatech	NLY01-AD	GLP-1R 系列，美國／加拿大二期臨床試驗進行中

來源：Kiwoom 證券研究

横貫大陸的路軌接通和鐵路產業

韓國雖然是一個半島國家，但是南北處於對峙狀態，所以實際上呈現島國局勢，因此物流必須透過海運或空運接送。但是，如果北韓和南韓之間的鐵路相通，可以經由西伯利亞和中亞到達歐洲，那麼就可以大大減少物流時間和成本。尤其是如果南北韓兩國發表終戰宣言，夢想中的事情就可能變成現實。

鐵路是一種環保的交通方式，可以實現大規模物流和人力運送，同時減少碳排放。因此，政府方面正在規劃並推動連接南北韓鐵路之外的歐亞大陸鐵路連接計畫。尤其在 2022 年初，隨著江原道東海北部線江陵至濟津全長 111 公里的鐵路修復開工儀式，同時也全面啟動歐亞鐵路連接工程。

連接歐亞的鐵路不僅可以降低成本，並且可以成為韓國和東亞物流樞紐，被評為是一項帶來巨額利潤的事業。因此，無法排除鐵路事業相關個股中出現十倍股的可能性。其中主要的相關個股如表格所示。

由於南北韓經濟合作是一個具有南北韓和解象徵意義的事業，因此要找到一家賺大錢的公司並不容易。但是，連接南北韓的鐵路產業，事實上是一門可以產生巨額利潤的生意。考慮到韓國的鐵路技術已達到世界公認的水準，無疑是未來具有龐大成長潛力的產業。然而需要謹記的是，必須仔細關注南北韓之間終戰協議之後的和平條約等政治課題最後是如何解決的。

歐亞鐵路事業相關企業 Top 10	
個股名稱	主要事業內容
Hyundai Rotem	現代汽車集團旗下的全球重工業公司，製造高速列車、輕軌車輛、機車、乘用車等鐵路車輛，以及 K1A1 坦克、橋式列車、救援坦克等地面軍事裝備，並興建煉鋼設備、壓力機、汽車生產設備、環境設施等
DAEA TI	鐵路訊號控制系統市場的龍頭企業，保持高市場占有率，透過 2010 年 11 月開通的京釜高速鐵路二期工程，促使 CTC 高速鐵路訊號設施 100% 國產化
Daeho	大陸鐵路和 Hyundai Rotem 的一級合作夥伴、鐵路車輛代銷，其最大股東是 Daeho Hitech
Tuksu Engineering	基礎土木工程建設和工業設備生產的專門企業，包括南北韓經協、大陸鐵路、海底隧道、鐵路、巷道、橋樑、隧道、工業廠房鐵路及公路地下穿越道非開挖施工、大直徑橋樑基礎施工、潛盾隧道等，主營事業為鐵路建設和立體化工程
Samsteel	買進從南北韓天然氣管道、大陸鐵路、鋼材、POSCO 生產的熱軋鋼板，以批發價銷售給加工販賣業、造船、橋樑、建築設備、海洋結構物等所使用的原料
Opticis	南北韓鐵路、數位光纖線、半導體雷射、高速訊號燈、數位訊號處理等
Korea Engineering	鐵路、水處理、都市計畫、道路、橋樑、港口、社會間接資本設計分析的試驗與監督。業務領域有排水、水資源開發、都市計畫、造景、道路、交通、橋樑、隧道、港口、鐵路、環境等
Kcins	用於鐵路、網路銀行、ATM、金融科技和金融機構的大中型服務器。道路／交通基礎設施事業。期待南北韓鐵路的開發。與鋼鐵技術研究所共同著重落實國家任務，包括低層隧道、輕軌、傾斜列車
Dong-Ah Geological	主營抗震、隧道開挖和地基改良的地下空間開發企業。期待南北韓鐵路的開發。隧道 TMB 建設的市占率達 90%
POSCO ICT	南北韓鐵路、鐵路系統、無線充電技術、製鋼智慧工廠等

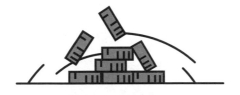

第 10 章

新生代十倍股

　　挑選和分享新生代十倍股很有趣，但也很可怕。如果你的想法是正確的，這是一件非常令人興奮和美好的事情；但如果你的預測是錯誤的，那將是一件可怕的事情。

　　需要提前說明的是，這裡介紹的前十大新生代十倍股純粹是我個人的想法。我非常能理解可能存在不同的意見，並且虛心接受指教。

LG 電子

　　LG 電子是一家在電動汽車和自動駕駛領域有著巨大潛力的公司。LG 電子的主要事業是家電和汽車電子零件（電子設備零件）。在 Apple 推出智慧型手機之前，它擁有最強的 2G 手機產品。但由於在智慧型手機領域入行較晚，導致 LG 電子經歷股價暴跌的慘痛經驗。

　　不過，在經歷智慧型手機的失敗經驗後，LG 的競爭力成為推動獲利迅速回升的原動力。LG 電子擁有世界一流的電機技術，在 COVID-19 時期，LG 電子擊敗惠而浦洗衣機這一全球最強的家電品牌，成為名副其實的全球第一大家電企業。

　　仔細想想，電動汽車的關鍵是高性能的電機和電池。LG 電子擁有世界上最好的電機技術並率領世界上最好的電池製造商 LG Energy Solutions，以其立場來看，進軍電動汽車產業也許是順水推舟的一步棋。由於 LG 電子目前與加拿大汽車零組件公司麥格納（Magna）合作開展業務，準備工作正在順利進行中。

　　2022 年 1 月所舉行的世界消費電子博覽會 CES2022
中，LG 電子正式宣布進軍自動駕駛汽車產業，並推出自
動駕駛概念車 OMNIPOD。當 LG 電子將技術和想像力結
合在一起時，可以成為自動駕駛汽車產業旋風的核心。一
旦這個夢想成真，LG 電子將能夠躋身真正的十倍股行列。

　　截至 2022 年 2 月為止，LG 電子的市值約為 20 兆韓
元（約合新台幣 5,300 億元），是其競爭對手三星電子的
20 分之 1。考慮到其市值，即使 LG 電子很難與三星電子
並駕齊驅，但預估有部分程度能夠追上對手。

　　LG 電子的年度股價走勢如圖所示，從圖表可以看出

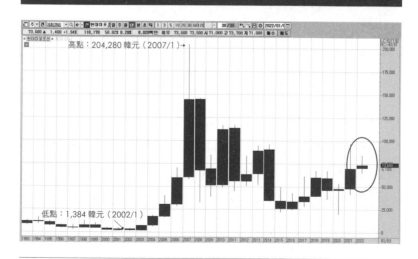

仍有很大的上升潛力。

韓國航空宇宙

　　韓國的宇宙航空業仍處於起步階段。然而，由於最近一系列運載火箭的成功測試，韓國正成為世界關注的航空界黑馬。因此，人們對韓國航空宇宙的興趣也在升溫中。

　　韓國航空宇宙（Hanguk Aerospace）從事飛機、太空船、衛星、運載火箭及其零組件的設計、製造和銷售等業務。大部分軍需產業由內需組成，透過與消費者，即防衛事業局（隸屬於韓國國防部）簽訂合約，進行國防採辦計畫，負責產品研發、生產、性能改進等。其航空產業分為兩個部門，首先是飛機製造業，負責開發軍用飛機、民航機和直升機，並量產已開發的飛機。以及負責運行中飛機的維修和改裝的 MRO（維護 Maintenance、維修 Repair 和運行 Operation）部門。

　　特別是與宇宙航空相關的 425 開發計畫是預計 2025 年 9 月之前完成的開發項目，由韓國國內自主研發配備高解析度成像雷達 SAR 的衛星，以及配備光電／紅外線設備的衛星。透過這個計畫，預期能獲得一個偵察衛星系

統,用於監測感興趣的區域和探測跡象。此外,如果韓國航空宇宙將業務從民用衛星擴展到國防衛星,擴展成為代表韓國的綜合系統公司,並透過產品標準化和技術專業化確保出口競爭力,未來若進軍全球市場,獲利能力將大幅提高。尤其從 2020 年開始,韓國的武器系統出口到中東等多個國家,防衛部門的業績也有望穩定成長。

因此,我將韓國航空宇宙列為新生代十倍股的選項之一。韓國航空宇宙的年度股價走勢如圖所示。

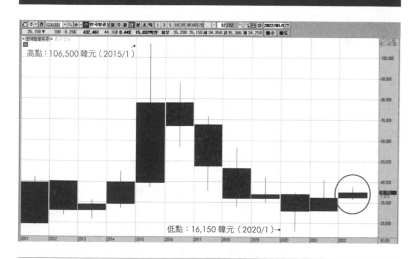

韓國航空宇宙年線

Nibec

新藥開發的術語艱澀難懂，一般投資人很難知道哪些藥物在人體中有哪些作用。最近製藥業界最感興趣的領域之一是標靶抗癌藥物，它是一種只攻擊特定癌細胞，以達到治療效果的藥物。

可以了解這些研究成果的地方，就是生物製藥業界的學術研討會。專注於胜肽融合生物技術的企業 Nibec，在「2022 JP Morgan Healthcare Conference」中發表了胜肽藥物投藥平台「NIPEP-TPP」技術和主要傳遞途徑等研究成果。在會議結束之後，許多全球製藥公司對 Nibec 的研究成果表現出濃厚的興趣，會議邀請如潮水般湧來，是一家備受關注的企業。

在 2022 年的研討會中，Nibec 與全球製藥廠商主要探討了 NIPEP-TPP 投藥平台技術、「K-RAS 抑制性抗癌藥」（標靶抗癌藥）和「BBB」（血腦障壁）。關於 K-RAS 抑制性抗癌藥，Nibec 所公布的連同臨床前試驗的初步數據顯示，其自有傳遞途徑 NIPEP-TPP-K-RAS「劑量比傳統藥物平均低 30 倍」，表示臨床前治療結果是在低劑量下具有高治療效果。

迄今為止，全球製藥廠持續研發 K-RAS 抑制性抗癌

藥，由於其高劑量投藥帶來的副作用，仍是一個需要克服的重大挑戰。目前市場現況是非常需要即使在低劑量下也能產生治療效果的新藥，因此業界認為不得不關注 Nibec 的 K-RAS。

最近，製藥生物業界正關注於開發血腦障壁 BBB 滲透輸送系統。Nibec 的 BBB 滲透輸送系統「NIPEP-TPP BBB shuttle」即使在與「抗體和基因載體」融合時也能保持其高滲透性，此項研究成果受到跨國製藥企業的高度矚目。此外，Nibec 計畫在自體傳遞途徑中，進行纖維化治療和炎症性腸病治療的全球一期臨床試驗。

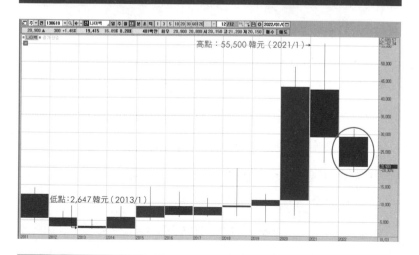

Nibec 年線

高點：55,500 韓元（2021/1）

低點：2,647 韓元（2013/1）

　　然而，新藥研發必須經歷一個非常艱難的過程，才能通過許多臨床試驗取得成果。一旦經歷這個艱難的過程之後，企業價值將以無法測量的速度飛快成長。儘管目前業績表現還不是很好，但我還是將處於新藥研發前線的Nibec列為新生代十倍股的選擇之一。Nibec的年度股價走勢如圖所示。

DearU

　　元宇宙是一個目前還不知道該代表哪一種個股的領域，目前也不確定它是否會獲利。Meta（Facebook）2021年的財務報告顯示，企業業績一落千丈，據說主要是因為元宇宙的事業虧損。

　　然而不可否認的是，隨著技術的發展和社會文化環境的改變，元宇宙將深入到我們的生活之中。因此，即使尚未被積極納入各類ETF，但大膽打造與偶像等名人的交流管道，並創造獲利的DearU被列為元宇宙的十倍股候選個股。

　　DearU是SM Entertainment的孫公司（Sub-subsidiary），成立於2017年，當時是一家行動卡拉OK服務公司「Everysing」。之後在 2020 年 2 月，DearU 推出了與藝人一對一的私人聊天平台「Bubble」。以 SM 為首，FNC、Jellyfish、JYP 等 23 家經紀公司共 229 名藝人目前都參與了 Bubble。它在推出後的 1 年內訂閱數就超過了 100 萬戶，並在 2021 年下半年獲得了 120 萬以上的訂戶。

DearU 的聊天平台 Bubble 基於差異化的內容和付費訂閱模式確保了穩定的收入。它提供了藝人用訂閱者的暱稱來稱呼粉絲的差異化服務，不僅提高參與感，還提供只能在 Bubble 中看到的各種獨家內容，例如藝人的照片、影片和聲音，因而維持 90% 的高訂閱保留率，同時避免發生訂戶流失和粉絲鎖定效應。

此外，Bubble 的目標是從物品商店開始，擴展到粉絲商務，並且新增元宇宙服務，從而躍升為綜合娛樂平台。元宇宙服務「My Home」是用戶個人資料的個人空間，未來可以參與線上演唱會和粉絲見面會，並且計畫做出一個使用非同質化代幣（NFT）的實體經濟連接空間。

許多進入新產業的公司往往找不到合適的獲利模式而最終消失。因此，需要在維持基本利潤結構的情況下，找到進軍新領域的策略。需注意的是，DearU 就包含其中。DearU 是 2021 年 11 月在 KOSDAQ 上市的公司，股票數據不多。以上是按週顯示的 DearU 股價走勢。

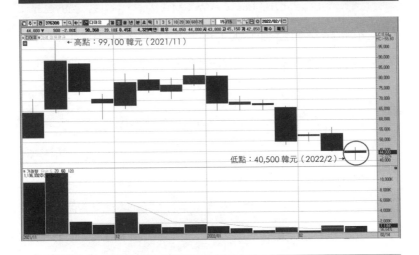

DAEA TI

　　當歐亞大陸鐵路連同南北韓之間的鐵路開通時，韓國將能在鐵路的人員和貨物運輸方面寫下劃時代的歷史新頁。這聽起來有點遙遠，但考慮到圍繞朝鮮半島的政治環境瞬息萬變，這一天可能會比預期來得更早。同時，我認為 DAEA TI 將是鐵路產業的最大受益者。

　　DAEA TI 的主要業務是開發和供應鐵路訊號控制系

統。在 2002 年創業初期，它透過自有技術，將中央行車控制系統（centralized traffic control，CTC）成功國產化，並建立了鐵路交通控制系統，把分布在區域控制室的控制設施集結到一個系統內，以進行集中控制。此後，DAEA TI 建立了一個高速鐵路控制系統，可以容納京釜高鐵 KTX 第一階段（首爾—東大邱）和第二階段（東大邱—釜山）、湖南高鐵和首都高鐵，在 CTC 領域擁有無與倫比的競爭力和業績。

DAEA TI 是一家已完成開發鐵路訊號控制各個領域核心產品的企業，包括鐵路安全運行的關鍵技術，即列車自動保護系統（automatic train protection，ATP），以及保障列車穩定運行的關鍵設備，即電子聯鎖裝置（electronic interloking，EI）。它是一家能夠在鐵路訊號控制領域保有高度競爭力，同時能夠實現一站式方案的企業。2018 年，DAEA TI 利用 LTE 通訊網絡，高速傳輸大容量列車運行數據，獲得接通鐵路和地面的通訊網路系統業務訂單，除了主營的鐵路訊號事業之外，也進軍鐵路通訊領域。

在鐵路訊號產業長期以國外原創技術為主的情況下，DAEA TI 基於自有技術，逐步實現各項技術的國產化，為韓國的鐵路技術發展做出了貢獻。目前它正進軍印尼、菲律賓和埃及等海外市場，目標是成為鐵路訊號產業的跨國

性企業。

　　需要特別關注的是，以 CTC 技術為核心的列車自動保護系統、電子聯鎖裝置等鐵路訊號控制核心系統。DAEA TI 透過自主技術開發，確保了產品陣容的競爭力，並因此在韓國鐵路市場確立了龍頭企業的地位。

　　現在，只要鐵路完成開通，在控制系統領域擁有獨步競爭力的 DAEA TI 就有可能登上十倍股之列。

　　DAEA TI 的年度股價走勢如圖所示。

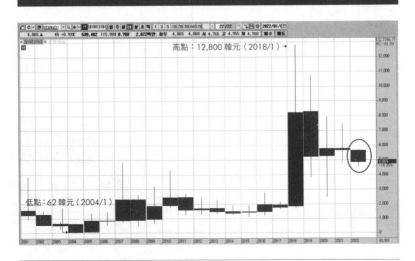

DAEA TI 年線

SI

宇宙航空業是製造火箭並將其發射到太空的行業，但它不僅僅是飛入太空而已。其利用低軌衛星收集各種資訊，並應用於商業或軍事用途的事業，也同樣受到全世界的關注。在韓國市場中拓展該核心事業的公司是 SI（Satrec Initiative）。

SI 以地球觀測衛星系統的研發和生產為主要核心事業，尤其是開發製造中小型衛星系統（SpaceEye-T、X、M、W）、大中小型衛星載體（EOS-T、X、D、W）和零組件，

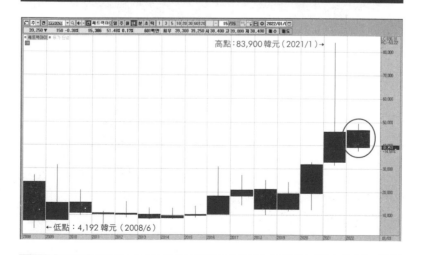

SI 年線

高點：83,900 韓元（2021/1）→

←低點：4,192 韓元（2008/6）

並開發大中小型衛星的控制軟體、影像處理軟體以接收和處理從衛星獲取的資訊。

此外，SI 利用製造衛星所使用的技術從事國防業務，主要事業是開發用於軍用衛星的移動地面車輛，以及可用於軍事目的的無人機。在銷售額方面，衛星事業占總銷售額的 91%。其子公司 SIIS 和 SIA 正從事衛星製造的前線事業，包括衛星影像銷售事業和運用人工智慧的衛星影像分析事業。

未來，隨著全球地面觀測衛星的市場規模逐漸萎縮，人造衛星的數量有望大幅增加，這對 SI 來說是非常有利的局面。各國為了資訊收集的用途，正在爭相開發人造衛星，但只有大約 10 個國家成功發射衛星。從這一點來看，未來產業之一的宇宙航空業寵兒 SI，我視其為新生代的十倍股之一。

Hanwha Systems

Hanwha Systems 及其子公司以國防電子領域的核心技術為基礎，分為專注於產品開發、生產和銷售的國防部門、提供企業電算系統搭建 SI 和維修 ITO 等服務的 ICT

部門，以及新事業領域的空中交通、衛星通訊事業和以數字化平台為中心的其他部門。換句話說，它是韓國唯一一家將國防工業和 IT 服務相結合的公司。

　　Hanwha Systems 以新事業作為主要事業結構，以實現未來可持續經營的目的。其中空中交通是值得特別關注的新領域，它是一種可以在城市上空運送人員或貨物的新生代交通系統。目前，Hanwha Systems 在對美國 Overair 公司進行持股投資的同時，也派人至該社共同研發機身。在韓國，它以企業代表的身分參加了城市空中交通（Urban Air Mobility，UAM）Team Korea，基於全球 UAM 解決方案供應商的願景，Hanwha Systems 正在探索全方位的商機，目標是為未來移動提供整體解決方案，包括未來移動 PAV 飛機、服務和基礎設施等。

　　在衛星通訊事業方面，Hanwha Systems 將重點放在低軌衛星，正在推動並規劃衛星通訊天線和衛星通訊服務等事業。尤其在通訊服務中，低軌通訊事業有望呈現爆發式成長，而這項服務就是 6G。

　　就 6G 而言，包括美國在內的已開發國家在 2018 年正式開始投入研發，中國則從 2019 年開始。韓國目前也由科學技術資通部推動 2021 到 2025 年約 2,000 億韓元（約合新台幣 26.6 億元）的投資計畫。

　　使用於衛星通訊的衛星、尤其是低軌衛星之所以突然興起，原因是火箭再利用技術有望在不久的將來活躍起來。當前的全球創新企業，例如 SpaceX、Oneweb、Amazon 和 Telesat 等正積極投資低軌衛星通訊，許多公司都在投入這項挑戰。就 Hanwha Systems 而言，它透過多年累積的軍用衛星通訊和雷達技術，投資了可以讓低軌衛星通訊發揮最佳功能的天線技術。最近它向 OneWeb 投資 3,000 億美元，因此更加容易取得低軌衛星的接觸權和技術。Hanwha Systems 所規劃的 UAM 服務將於 2025 年開始引進，如果市場對電訊服務的需求增加，則有望產生巨大的綜效。再

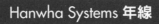

Hanwha Systems 年線

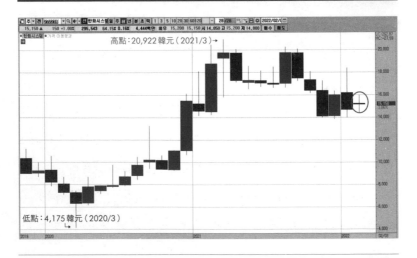

加上如果與自動駕駛技術相結合，預估需求量會更大。

　　由於宇宙航空業對結合低軌道衛星和 ICT 技術的需求日益增長，根據判斷，Hanwha Systems 將從中獲益，因此我把它列入十倍股的選項之一。

LG Energy Solution

　　LG Energy Solutions 是韓國最大的化學公司、即 LG 化學的電池事業分拆之後所成立的公司。它在 1996 年開始研發鋰離子電池，自 EV（電動汽車）市場起步以來一直處於市場領先地位。透過持續的研發、推出新產品和創新品質，LG Energy Solutions 已成為代表韓國能源解決方案產業的跨國公司，並且不斷成長。在市場方面，它在世界主要據點以及韓國建立了生產、銷售和研發的網絡，並以全球為目標全力拓展事業。

　　LG Energy Solutions 目前從事電池相關產品的研究、開發、製造和銷售，以應用於 EV、ESS、IT 設備、電動工具和 LEV，並且編為單一的能源解決方案事業部門。

　　LG Energy Solutions 的強項是憑藉世界上最多的專利和 30 年多的專業知識基礎，擁有世界上最頂尖的技術。LG

Energy Solutions 是技術方面的先驅，獲得共 23,610 項專利，是主要競爭對手的 10 倍以上，差距極大。它擁有 2,500 多名研發人員，過去 10 年在研發相關領域的投資額超過 5.3 兆韓元（約合新台幣 1,400 億元）。

　　LG Energy Solutions 的獨特技術包括二代電極技術、「Lami & Stack」工法和安全強化分隔膜。二代電極技術方面，2007 年它生產了世界上第一個三段 NCM523（鎳 5：鈷 2：錳 3）的正極材料應用電池。接著在 2016 年，量產全球首款 NCM622 正極材料應用電池，在電極領域確保了獨步全球的技術。LG Energy Solutions 也在二代正極材料備

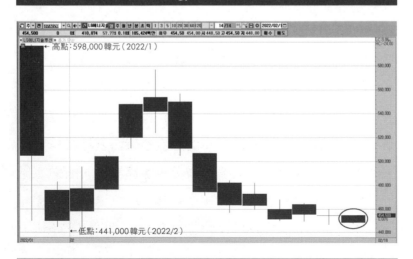

受矚目的高鎳領域大放異彩,其容量、壽命、電阻等各項性能也被評為領先。目前計畫於 2022 年量產 NCMA(鎳、鈷、錳、鋁)電池。NCMA 電池的鎳含量達到 90%、鈷含量低於 5%,並且能夠快速充電。

因此,LG Energy Solutions 絕對是二代電池業界中最頂尖的企業。有一種批評是,在計算股票上市的公開發行價時存在價格泡沫。但是,這可能會隨著時間的推移進行調整。

二次電池市場是未來產業的基礎設施產業。在製造和生產成品電池的電芯公司中,LG Energy Solution 被評為最具競爭力的企業,因此我把它列入新生代十倍股行列中。

現代 Rotem

現代 Rotem 成立於 1999 年,負責國家重點產業的軌道車輛製造,經營機電工程、營運和維修保養的鐵路事業、K 系列坦克和輪式裝甲車的量產事業、基地維修等國防事業,以及鋼鐵生產設備、成品車生產設備、智慧工廠設備和氫能基礎設備的出貨平台事業。

現代 Rotem 的鐵路解決方案事業總部正在向全球市場

供應各種鐵路車輛，例如電動火車、高速火車和輕軌等。
尤其它正積極將事業擴展至鐵路服務領域，包括經營鐵
路系統和車輛維修等。為應對未來市場需求，功率分散
型高速列車 KTX-Ieum 已於 2021 年初成功投入營運，現代
Rotem 目前正加速研發新車種，包括無線供電有軌電車、
雙層列車、氫能源有軌電車等。現代 Rotem 透過新車種的
研發和商用化，以鞏固在全球鐵路車輛市場中的地位。

　　KTX-Ieum 的國防解決方案事業總部負責地面武器系
統的研發和生產。繼 K1A1 坦克之後，成功開發出具有世
界一流性能的 K2 坦克。目前正加強戰力化事業，以增加
地面部隊的核心戰力。同時也推動海外盟國的坦克開發技
術支援事業，並準備後續聯營事業。此外，根據國防改革，
國防解決方案事業總部將現代汽車集團的汽車相關技術應
用於獨資開發的輪式裝甲車，以提高韓國軍隊的機動性，
持續確保競爭優勢。因為能夠根據目的，建構出系列化營
運模式，因此定位成現代 Rotem 的核心事業領域。

　　生態工廠事業總部以高超的技術為基礎，在國內外
成功執行了多項鋼鐵、汽車生產基礎設施等建設項目。透
過進軍智慧工廠和智慧物流事業，率先開發出第四次工業
革命的未來技術。而為了引領全球實現氫能經濟並率先進
入氫能社會，正努力建構氫氣加氣站、氫氣提取器等氫能

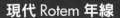

現代 Rotem 年線

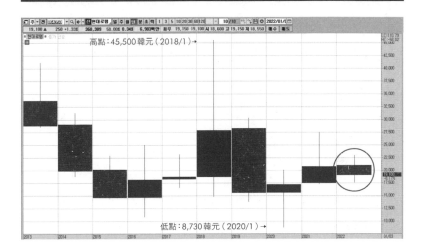

基礎設施。H2 裝置組裝中心在隸屬現代汽車集團的義王研究中心落成，具備年產 20 多台氫氣提取器的生產能力，並從韓國許多地區的地方政府和特殊用途氫氣公司取得了供應氫氣提取器、氫氣輸送中心和氫氣加氣站的供貨合約，進而成功進入氫氣市場。

　　現代 Rotem 是一顆隱藏的寶石。不僅是以國防部門和氫氣為主的環境部門，還有其電動火車，預計在橫貫歐亞大陸的火車事業正式啟動時，將成為率先受益的個股。因此，我把現代 Rotem 列入新生代十倍股名單中。

AbClon Inc

AbClon Inc 是一群擁有創新抗體技術的韓國科學家，以及一群擁有先進生物技術的瑞典科學家在 2010 年共同持股所成立的生物創投公司。不同於其他生物公司，AbClon Inc 藉由創新抗體發掘平台，提供一個可以不斷導出新抗體潛力藥物的流程。

AbClon Inc 的研究平台大致可以分為三類。

第一是針對疾病蛋白質找出新抗原表位（Epitope）的抗體發掘平台 NEST（Novel Epitope Screening Technology）。簡單來說，NEST 平台是指一種將抗體附著在疾病蛋白質重要部位的技術。其代表性成果之一是發現 AC101（單株抗體）。AC101 是針對胃癌和乳腺癌的抗體療法，目標瞄準疾病蛋白質 HER2。在胃癌和乳腺癌動物試驗中，AC101 與賀癌平（一種針對 HER2 的治療方法）聯合治療時，比起使用賀疾妥治療，它在控制實體瘤方面顯示出更好的療效。

第二是結合單株抗體和人工抗體（Affibody）以發揮最大效果的雙特異性抗體開發平台 AffiMab（Affibody-fused Bispecific Antibody）。Affibody 是一種保持抗體特性的物質，雖然它的大小比單株抗體小了 1/25。AM105 是透過

AffiMab 平台所發現的雙特異性抗體藥物，是一種結合性免疫抗癌藥物，同時瞄準 T 細胞的 CD137 和大腸癌的疾病蛋白質 EGFR。由於大腸癌在實體癌中的死亡率高居第二位，每年確診人數超過 100 萬人，顯示出對新藥的需求仍未得到滿足。目前正在開發 AM105，目的是激活 T 細胞，特別是針對 EGFR 過度表現的癌細胞，目標是在臨床前階段進行技術轉移。

第三是 CAR-T（Chimeric Antigen Receptor 平台，這是一種利用患者的 T 細胞開發出客製化抗癌藥物的技術。CAR-T 細胞療法是透過將識別癌細胞的 CAR（受體基因）

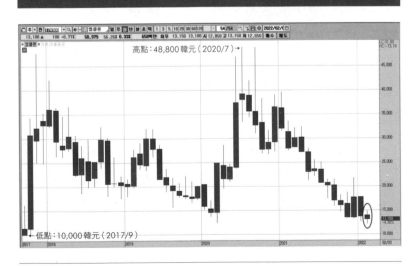

AbClon Inc 月線

導入人體 T 細胞，進行基因重組以破壞癌細胞的細胞療法。目前 Kymriah、Yescarta 等共計 5 款 CAR-T 細胞治療產品已上市，被評為 CAR-T 治療市場的先驅。由 AbClon 的 CAR-T 平台所開發的 AT101，是一種針對疾病蛋白質 CD19 的血液腫瘤 CAR-T 細胞療法。現有的 CAR-T 細胞療法是採用一種名為 FMC63 的鼠源抗體，但 AT101 使用的是 1218 抗體，這是一種結合 CD19 新抗原表位的新型抗體。由於 1218 抗體是人源化抗體，在消除不良免疫反應和降低細胞因子釋放症候群（CytotoxicRelease Syndrome，CRS）方面令人期待。透過動物實驗證實，它對目前不適應 CAR-T 細胞療法的患者和復發的患者具有改善的治療效果。

　　生物製藥中的新藥開發市場需要漫長時間、巨額資金和具備優越研究能力的研究人員。這是一個成功機率很小的市場，但一旦成功了，就有可能賺大錢。其中，我把擁有抗體藥物、雙特異性抗體藥物、CAR-T 藥物原創技術的 AbClon Inc 列為新生代十倍股個股。

後　記

希望你成為十倍股真正的擁有者

　　十倍股被認為是像海市蜃樓般的存在，只能在夢裡相見，但歷史上卻出現過了無數的十倍股個股。這代表了十倍股並不是高不可攀的假想個股。

　　但並不是每個人都能得到十倍股。想要獲得十倍股，首先必須明確了解企業價值的變化概念。股票投資顯然有投機成分，但十倍股的評估不同於其他投機工具，因為人們相信從長遠來看，股價會趨近等同企業價值。十倍股的內在價值層次不同，這就是為什麼它是加密貨幣或賭場等無法相提並論的投資標的。

　　簡單來說，企業價值就是：第一，「它產生了多少銷售額？」第二，「它是否有利可圖？」第三，「這種良好的狀態是否可以長期持續？」。

　　當企業價值大幅提升時，十倍股就會出現。因此能夠改變企業價值的因素，包括社會變革的方向、經濟變革

的方向，以及企業是否轉虧為盈等問題，需要不斷追問並
獲得答案。要做到這一點，你需要透過不斷的閱讀培養看
待世界的洞察力。你必須相信，書裡就有十倍股。

　　獲得十倍股的另一個條件是能夠賺取 10、20 倍回報
率的投資方式。不管你買了多好的個股，如果你沒有充分
享受到利潤，那也是沒有用的。即使是再三強調，要賺取
十倍股的投資回報，最重要的條件就是堅定不移的投資態
度。要做到這一點，你不應該用別人的錢投資並對於期限
充滿壓力。還有，如果你失控投入大量資金，使得精神狀
態變得不穩定，那麼十倍股絕對會成為一個你永遠無法實
現的夢想。

　　現在是尋找隱藏在股市中的十倍股的時機了。你可能
會與十倍股不期而遇，但是當你體悟到自己所遇到的個股
就是十倍股的那一刻，你才能真正成為十倍股的擁有者。

　　衷心希望所有閱讀本書的投資人都能成為十倍股的
擁有者。

國家圖書館出版品預行編目（CIP）資料

十倍股 1000% 獲利聖經：學會四大挑股法則、掌握正確買
賣時機，在七大產業中找到自己的十倍股！ / 姜炳昱（강병
욱）著，張亞薇譯 . -- 初版 . -- 臺北市：商周出版：英屬蓋曼
群島商家庭傳媒股份有限公司城邦分公司發行 , 民 112.3
　　面 ；　　公分 . --（新商業周刊叢書 ; BW0816）
譯自：텐배거 1000% 수익 바이블
ISBN　978-626-318-604-0（平裝）

1. CST: 股票投資　2.CST: 投資技術　3.CST: 投資分析

563.53　　　　　　　　　　　　　　　　　112001986

新商業周刊叢書　BW0816

十倍股 1000% 獲利聖經

學會四大挑股法則、掌握正確買賣時機，在七大產業中找到
自己的十倍股！

原 文 書 名／텐배거 1000% 수익 바이블
作　　　者／姜炳昱（강병욱）
譯　　　者／張亞薇
企 劃 選 書／黃鈺雯
責 任 編 輯／陳冠豪
版　　　權／吳亭儀、林易萱、江欣瑜、顏慧儀
行 銷 業 務／周佑潔、林秀津、黃崇華、賴正祐、郭盈君

總 　 編 　 輯／陳美靜
總 　 經 　 理／彭之琬
事業群總經理／黃淑貞
發 　 行 　 人／何飛鵬
法 律 顧 問／台英國際商務法律事務所
出　　　版／商周出版　台北市中山區民生東路二段 141 號 9 樓
　　　　　　電話：(02)2500-7008　傳真：(02)2500-7759
　　　　　　E-mail：bwp.service@cite.com.tw
　　　　　　Blog：http://bwp25007008.pixnet.net/blog
發　　　行／英屬蓋曼群島商家庭傳媒股份有限公司城邦分公司
　　　　　　台北市中山區民生東路二段 141 號 2 樓
　　　　　　書虫客服服務專線：(02)2500-7718・(02)2500-7719
　　　　　　24 小時傳真服務：(02)2500-1990・(02)2500-1991
　　　　　　服務時間：週一至週五 09:30-12:00・13:30-17L00
　　　　　　郵撥帳號：19863813　戶名：書虫股份有限公司
　　　　　　讀者服務信箱：service@readingclub.com.tw
　　　　　　歡迎光臨城邦讀書花園　網址：www.cite.com.tw
香港發行所／城邦（香港）出版集團有限公司
　　　　　　香港灣仔駱克道 193 號東超商業中心 1 樓
　　　　　　電話：(825)2508-6231　傳真：(852)2578-9337
　　　　　　E-mail：hkcite@biznetvigator.com
馬新發行所／城邦（馬新）出版集團【Cite (M) Sdn. Bhd.】
　　　　　　41, Jalan Radin Anum, Bandar Baru Sri Petaling,
　　　　　　57000 Kuala Lumpur, Malaysia.
　　　　　　電話：(603)9057-8822　傳真：(603)9057-6622
　　　　　　E-mail: cite@cite.com.my

封 面 設 計／兒日設計　　　　　內文排版／林婕瀅
印　　　刷／韋懋實業有限公司
經 　 銷 　 商／聯合發行股份有限公司　電話：(02)2917-8022　傳真：(02) 2911-0053
　　　　　　地址：新北市新店區寶橋路 235 巷 6 弄 6 號 2 樓

■ 2023 年（民 112 年）3 月初版
텐배거 1000% 수익 바이블 (Tenbagger: 1000% Profit Bible)　　　　Printed in Taiwan
Copyright © 2022 by 강병욱 (Kang, Byung Wook , 姜炳昱)
All rights reserved.
Complex Chinese Copyright © 2023 by Business Weekly Publications, a division of Cité Publishing Ltd.
Complex Chinese translation Copyright is arranged with Book21 Publishing Group
through Eric Yang Agency

城邦讀書花園
www.cite.com.tw

定價／ 390 元（紙本）　270 元（EPUB）
ISBN：978-626-318-604-0（紙本）
ISBN：978-626-318-618-7（EPUB）　　　　　　　版權所有・翻印必究